질병과 함께 춤을

질병과 함께 춤을

아프다고 삶이 끝나는 건 아니니까

다른몸들 **기획**

조한진희 **엮음**

다리아 × 모르 × 박목우 × 이혜정 **지음**

푸른숲

추천의 말

이 책은 전 세계 자살 1위와 건강 제일주의가 병존하는 한국 사회에서, 버티는 삶에서 영위하는 삶으로의 전환이 어떻게 가능한지를 보여준다. 사회학자 존 맥나이트의 말처럼, "문제로 정의된 사람들이 그 문제를 다시 정의할 수 있는 힘을 가질 때, 혁명은 시작된다." 많은 독자들이 '건강한 사회'를 재해석하는 혁명에 동참하기를 바란다. 이 책은 나이 듦, 만성 우울증, 코로나19로 '움직임'이 어려운 나 같은 건강 약자들에게 구원의 책이며, 여성 공동체의 의미와 글쓰기의 모델이 아닐 수 없다. 엮은이와 글쓴이들의 여정에 감사와 감히 부러움을 전한다. 나도 이 책의 필자이고 싶다.

정희진

(여성학 연구자, 《편협하게 읽고 치열하게 쓴다》 저자

저자들은 아픔을 '겪는' 사람들인데, 아픈 몸이란 그저 고통에 시달리는 삶이 아님을 이 책은 보여준다. 돌보고 돌봄을 받는 일을 포기하지 않기. 일상의 투쟁을 기록하기. 다른 사람이 자신의 목소리를 내도록 내가 이 자리에서 버티는 삶도 '노동'임을 깨닫기. 아픔을 겪는 일은 사실 이 세계를 지탱하는 일부였다. 건강이 가장 중요하다고, 자신은 이토록 건강하다고 말하는 사람들의 이야기는 도처에 있기에 조금 덜 듣고 싶다. 자신과 타인의 몸-마음을 떠받치는 삶을 겪어내는 사람들의 이야기는 더 많이 듣고 싶다. 위대한 무용수는 춤을 잘 추기보다는 어떤 움직임을 온몸으로 겪어내는 사람이라는 것을, 다리아, 모르, 목우, 혜정의 춤을 읽으며 배웠다.

김원영

(변호사, 《사이보그가 되다》, 《실격당한 자들을 위한 변론》 저자)

의사에게는 스스로 한번도 겪어보지 않은 경험에 대해 '괜찮다'고 단언하거나 그것을 '질병'이라고 판단할 수 있는 권위가 주어진다. 개인의 일상적 경험과 분리된 지식이 권력으로 작동하는 의료현장에서, 나는 아무리 애써도 늘 얼마간의 가해자인 것만 같았고 쉽게 무력해졌다. 내 몸의 경험보다 그것을 판단하는 권력을 더 인정하고, 내 몸을 나의 눈으로 바라볼 수 없도록 가르쳐온 사회. 《질병과 함께 춤을》은 그런 사회가 결코 당연하지 않다는 힘 있는 목소리로 가득하다. 이 책은 몸을 가진 하나의 세계들이 통과해온 경험과 성찰의 기록이다. 한 걸음마다 수백 번 닦고 닦으며 걸어와 이젠 마치 눈물처럼 반짝이는, 그들의 발자국을 따라 걸으며 감동으로 벅찼다. 내 경험과 분리되지 않는 몸으로, 우리의 몸들이 겪은 경험과 목소리가 만들어내는 '아파도 괜찮은' 사회로 함께 가자고, 모두에게 손 내밀고 싶다.

박슬기
(산부인과 전문의, '언니들의병원놀이')

삐걱거리는 몸의 경험은 새로운 언어를 필요로 한다. 세상과 불화하는 몸은 고유한 서사를 만들어낸다. 몸에 귀를 기울여본 사람은 안다. 우리 모두는 각자의 언어와 서사를 가진 존재라는 걸. 이 책은 몸의 서사다. 아픈 몸, 장애가 있는 몸, 병명이 없거나 찾고 있는 몸, 남들과 다른 몸은 끊임없이 물으며 질병의 언어를 찾아간다. "나는 왜 이렇게 아플까? 내 몸은 왜 남들과 다를까? 다른 것은 틀린 것일까?" 몸을 향해 던진 질문은 점차 바깥으로 향한다. "누가, 무엇이 아픈 몸, 다른 몸을 만드는가?" 질문은 새로운 언어를 만들고 언어는 정상성이라는 모순을 걷어내는 도구가 된다. 저자들은 고유한 몸의 서사를 통해 세상을 다시 읽는다. 이 책이 열어젖힌 이상하고 아프고 다른 몸들의 세계를 기다린다.

이길보라

(영화감독, 《당신을 이어 말한다》 저자)

아픈 몸으로 산다는 것,
그 고유한 삶의 연결

"얼마나 아파야 아프다고 말해도 괜찮은 걸까요."

"아프다는 게 몸이 힘든 것도 있지만, 늘 자책감에
시달리느라 에너지를 너무 많이 써요."

"나는 굉장히 노력해서 이 상태를 유지하는 건데,
노력 없이 쉽게 당연히 얻어진 것인 줄 알아요."

"연애한 지 1년이 좀 넘었던 시기였는데, 진단받고
헤어졌어요. 내 질병이 아니라 내가 부담스러운 존재가
되어가고 있었어요."

"너무 힘든데, 뭐라고 설명해야 하는지 모르겠어요.
죽고 싶은 건 아닌데 죽고 싶은 기분이랄까."

첫날부터 쏟아지는 말들 속에서 누군가의 눈은 호기심으로 반짝였고, 또 다른 이의 눈은 눈물로 반짝였다. 우리는 깎아내지 않은 통곡물 같은 이야기를 나눴다. 세상이 듣고 싶은 이야기에 맞게 자신을 조절하지 않아도 괜찮다는 공기가 우리를 에워쌌다. 아프고, 화나고, 싫은 것을 그대로 말해도 괜찮을 것 같은, '아픈 여성'이라는 동질감이 주는 안전한 감각. 그렇게 모임을 진행할수록 밀도 높은 속내를 털어놓는 자리가 되어갔고, 서로에게 깊이 집중하게 됐다. 그런 모임이지만, 누군가가 심각한 이야기를 하는 동안 내내 서서 걸어 다니는 이도 있었다. 또다른 이는 약 먹을 시간이라며 열 알이 넘는 약을 두어 개씩 나눠서 분주히 입안에 털어 넣었고, 또 누군가는 책상 위에 누워서 모임에 참여했다.

'질병과 함께 춤을'은 의무와 규칙을 최소화하는 모임이지만, 합의한 규칙은 각자 자신의 몸 상태에 따라 가장 편안한 자세로 참여한다는 것이다. 허리가 아픈 이는 서서 걸었고, 현기증이 있는 이는 누워서 모임에 참여했다. 규범화된 몸을 내려놓고, '자신에게 맞는 몸'으로 그렇게 앉거나 걷거나 누웠다. 온몸을 서로에게 열어둔 채.

우리는 서로의 경험을 공유하며 새로운 세계를 알게 되기도 했고, 상대의 목소리로 자신의 이야기를 만나기도 했다. 그리고 자주 답답함을 마주하기도 했다. 아픈 몸으로 사는 경험을 설명하는 게 너무 어려웠기 때문이다. 대부분 모임에 오면 대강 말해도 알아들어 주는 이들이 있으니, 잠시나마 속이 시원해진다고 말하곤 했다. 그럼에도 누군가는 아픈 몸으로 살아가야 하는 복잡한 심경과 경험을 설명하는 것을 포기하고 싶다고 했다. 어떤 언어로 설명해야 할지 여전히 알 수 없었기 때문이다.

오래전 내가 그랬다. 언어가 고팠다. 몸이 아프던 초기, 질병 경험을 설명할 적절한 언어를 찾지 못했다. 대부분의 질병 서사에서 질병은 '선물'이거나 '절망' 중 하나였고, 나의 질병 경험은 둘 다 아니었다. 그러나 그 둘 다가 아닌 '무엇'임을 설명하기 어려웠다. 답답했다. 흔히들 몸이 아프면 치료에만 매진할 것이라고 생각한다.

그러나 인간은 복잡한 존재다. 통상 중증 질병을 진단받으면 처음에는 오진이 아닐까라고 의심하다가, 결국은 인정하게 된다. 동시에 자신에게 '왜 이런 질병이 왔을까'를 묻고 추적하게 되고 생활 습관, 스트레스, 종교적 깨달음, 환경 등에 대한 가설을 세우며, 질병이 온 이유를 이해하려고 시도한다. 그러다가 투병 생활이 장기화되면, 질문은 다소 바뀌는 듯하다. '왜 이런 질병이 왔을까'에서 '나에게 이 질병 경험은 무엇인가'로 말이다.

수년 전 나도 그런 질문들에 대한 답을 지속적으로 구했다. 그러나 변변한 언어를 찾지 못했고, 답답함을 넘어 고통스러웠다. 통상 언어가 부족하면 타인과의 소통에서 오는 어려움을 떠올린다. 하지만 자신의 경험을 설명할 언어가 없을 때 인간은 자기 경험에서도 소외된다.

나는 아직도 기억한다. 내가 건강한 몸의 눈이 아니라, 아픈 몸의 눈으로 세상을 보기 시작하자 무겁게 짓누르던 고통에서 순간 해방되는 느낌. 즉 '건강을 잃으면 모든 것을 잃는다'는 동료들의 염려의 말이 내내 불편했는데, 내가 속 좁고 문제적인 인간이어서 그런 게 아니었다는 안도감. 결국 우리 사회가 아픈 몸을 배제하는 '건강 중심 사회'라는 것을 깨닫게 됐을 때의 쾌감을 아직도 선연히 기억한다. 그 언어를 갖기 이전의 경험이 얼마나 무거운 짐이었던지, 다른 아픈 몸들과 함께 그런 혼란과 잘 아플 수 없게 만드는 일에 대한 경험을 절실히 나누고 싶었다.

　건강이 어느 정도 회복된 이후, 나는 아픈 몸으로 살고 있는 '동료'들을 찾아 나섰다. 그래서 2015년 페미니스트 저널 〈일다〉 시민교실에서 '질병과 함께 춤을: 잘 아프기 위해 필요한 몇 가지 것들'이라는 워크숍을 열었다. 워크숍을 진행했던 3년 내내, 참여자들과 나는 온전히 아플 수 있기 위해서는 돌봄, 의료, 노동 등도 중요하지만, 질병 경험을 해석하고 설명할 '언어'가 중요하다는 결론에 도돌이표처럼 주기적으로 도달했다. 그 워크숍을 마무리하고 2018년 겨울부터 후속 모임을 꾸렸고, '질병과 함께 춤을'이라는 이름으로 질병을 둘러싼 현실을 해석하고 변화시키는 활동을 하고 있다. 우리가 오랫동안 마음을 기울이며 집중하고 있는 것은 질병 서사 쓰기다.

　당시 아픈 몸 동료들과 질병 서사 작업을 시작한다고 했을 때, 일부 사람들은 매우 의아해했다. 장애인이나 성소수자의 인권에 대한 이야기도 아니고, '아픈 몸으로 살아가는 사람들이, 아프다고 이야기하는 것'을 굳이 모임까지 꾸려서 글을 쓰려는 것이냐고 했다. 나도 아픈 몸으로 살아가는 혼돈을 경험하지 않았다면, 비슷한 말을 했을지 모른다. 하지만 인간은 호모 나란스^{homo narrans}, 이야기하는 존재다. 나는 누구인가라는 질문은 나는 어떤 이야기(서사)를 가진 존재인가라는 질문과 연결되어 있다.

질병을 겪는다는 것은 병명 하나가 삶으로 들어오는 게 아니고, 익숙하던 일상이 낯설어지는 일이다. 늘 듣던 건강 안부 인사가 불편하게 느껴지기 시작하고, 내가 성격 파탄자라도 된 게 아닐까 의구심을 품게 되는 작은 악몽을 꾸게 되는 일이다. 그 불편하고 이상한 경험을 해석해낼 언어나 이야기가 없을 때, 질병 자체가 곧바로 불행한 일이고, 아픈 게 죄인이라는 감정으로 미끄러지기 쉽다.

질병 경험을 읽고, 쓰고, 말한다는 것

'질병과 함께 춤을(이하 질병춤)' 구성원들은 질병으로 인한 증세, 통증, 치료, 죽음은 오롯이 혼자 겪을 수밖에 없는 여정임을 누구보다 잘 알고 있다. 우리는 각자의 질병을 '함께, 다시 겪는' 시간을 보냈다. 조각난 경험들, 이름 붙여지지 못한 경험들, 어떤 말로 명명해야 할지 모르는 경험들에 함께 이름을 붙이고 의미를 부여하고 해석해갔다. 이는 아픈 몸으로 건강 중심 사회에서 살아내느라 부서졌던 감정, 분절되어 있던 삶을 통합해가는 과정이었다. 아픈 몸들의 언어, 질병 세계의 언어를 탐구하고 만들어가는 시간이었다.

우리는 모임을 진행한 지 몇 달 만에 본격적으로 질병 세계의 언어를 탐구하고 만들어나가기 시작했다. 소수자의 삶을 설명할 언어가 확장되어야, 소수자의 인권이 확장될 수 있다는 문제의식이 깊었기 때문이기도 했다. 우리는 수많은 질문을 품고 모임을 진행했다. 이를테면, 현대인들은 너나 할 것 없이 조금씩은 아프고 만성질환 하나쯤은 개성처럼 달고 산다. 그럼에도 모두 건강 중심 세계의 눈으로 자신의 몸을 볼 뿐이다. 이상하지 않은가. 세상에 아픈 몸들이 이토록 많은데, 왜 건강한 사람의 눈으로 자신의 아픈 몸을 보면서 '부족'하고 '열등'하다고 낙담만 하는 것일까?

그리고 사회는 우리의 몸 안에서 벌어지는 '현상'에 대해서, 여기까지는 질병이고 저기까지는 건강이며 거기부터는 장애라고 규정한다. 그러나 종종 우리 몸 안에서 질병, 건강, 장애는 잘 구분되지 않는다. 이것을 과연 언어화할 수 있을까? 사회는 아픈 사람들이 생존을 유지하기 위해 의료적 치료가 필요한 것 이외에, 인간답게 생존하고 꿈꾸고 욕망하기 위해 필요한 것이 무엇인지 왜 물어주지 않을까? 우리의 이 '문제적 아픈 몸'은 건강 중심 사회에서 '실패한 몸'이 아닐 수 있을까?

더 많이 읽고 쓰고 말할수록 우리는 질문 속에서 정답을 얻기보다 자신을 좀 더 인정할 수 있게 됐다. 질병 속에서 유동하는 우리의 아픈 몸은 자본주의사회가 요구하는 효율적이고 표준화된 몸과 전혀 맞지 않고, 그래서 종종 쓸모없는 존재로 규정되기도 한다. 그런데 우리는 쓸모를 입증할 의지가 없다.

오히려 아픈 몸을 열등하고 혐오스럽고 쓸모없는 존재로 규정하는 사회의 시선이 어떻게 각자에게 내면화되어 있는지 찌질하게 고백했다. 질병이 있음에도 불구하고 어떻게 의연하게 살아가는지를 말하는 게 아니라, 질병이 주는 불안함에 붙잡혔다가 놓여나기를 얼마나 수없이 반복하는지를 말했다.

서서히 자신의 아픈 몸을 편안히 껴안을 수 있게 된

것이다. 물론 그저 몇 번의 대화로 가능했던 것은 아니다. 다양한 프로그램을 통해, 자기 안에 고여 있던 질병 경험과 감정을 길어 올렸다. 질병이 준 두려움과 슬픔, 좌절과 불안에 대해 이야기하는 것으로 시작했다. 각자 삶의 변곡점마다 나타나고 사라지거나 남아 있던 질병들에 대해 말했다.

질병을 둘러싼 의료, 관계, 돌봄, 연애 같은 키워드로 토론하기도 하고, 각자의 생애사를 질병과 연관 지어 발표하고 온전히 듣는 시간을 마련하기도 했다. 이후 연극 기법을 활용한 워크숍에서는 신체를 팔, 다리, 장기, 이렇게 부위별로 나누고 '내 몸의 이 부위는 이런 말을 하고 싶어 하지 않을까'를 상상해 서로 듣고 말하기도 했다. 질병이나 통증을 의인화시켜 대화를 해보기도 했다. 일련의 과정은 몸과 더 깊게 교감하도록 도와주었다. 이를 통해 각자 느끼는 질병에 대한 불안이나 감정에 함께 접촉하기도 하고, 서로가 되어보기도 했다.

1년 넘게 진행한 여러 프로그램들을 통해서, 우리는 조금씩 더 많은 말을 길어 올릴 수 있었다. 살면서 처음으로 입 밖으로 꺼내보는 이야기, 여전히 어떤 언어로 정리되지 못하고 단어로만 더듬거리며 흘러나오는 이야기, 그리고 침묵에 담겨서 숨소리로만 나오는 이야기도 있었다. 구성원들은 아픈 몸으로 살아가는 동안 겪는 갈등, 혐오, 설렘, 초조, 기쁨, 긴장, 희망, 통증의 과정을 좀 더 드러낼 용기가 생겼다고 말했다.

이러한 긴 과정을 통해 우리 경험을 표현할 언어를 하나씩 찾아갈 수 있었다. 막연한 감정을 구체적인 단어로 표현하고, 그 단어들을 모아 문장을 깁고 글로 만들어 갈 수 있었다. 각자가 살고 있는 질병 세계에 대해 구체적으로 풀어내고, 수십 차례 합평 과정을 거쳤다. 합평 과정을 통해, 글의 내용은 물론이고 문장까지 함께 살폈다. 합평은 글을 손보는 과정이었으나, 서로의 질병 경험을 매만져주는 과정이기도 했다.

서로의 삶에 대해 겹겹이 알게 되면서, 질병 경험이 여성이라는 정체성과 여러모로 긴밀히 엉켜 있음을 더욱 확인하게 되었다. 어린 시절, '여자아이'가 겪었던 분노스러운 경험은 조현병으로 인한 환청과 연결되기도 했다. 난소낭종을 앓은 기혼 여성은 그의 건강보다도 '아이를 낳을 몸'에서 멀어질까 봐 걱정하는 가족의 태도를 감당해야 했다. 장애 여성의 독립은 늘 안전과의 투쟁이었고, 성폭력 피해자는 성폭력 사건을 제외하고는 온전히 자신의 질병 경험을 설명할 수 없었다.

역사적으로 여성들의 글쓰기는 오랫동안 억압되어 왔는데, 사회적으로는 진실을 폭로하는 도구이자, 개인에게는 확장과 성장의 계기가 되기 때문이었다. 여성의 질병이 상당 부분 히스테리로 치부됐던 '전통'이 있었고, 여전히 여성들은 심인성心因性 진단을 더 많이 받는 바람에 정확한 진단과 치료에 이르기까지 더 먼 길을 돌아가야 한다. 그런 점에서 아픈 여성들이 사회적 맥락 안에서 자신의 질병 경험을 쓴다는 것은 여전히, 위험하고 눈부신 일이다.

이 책은 '질병춤' 구성원들이 짧지 않은 시간을 관통하며 몸으로 써내려간 글을 수정, 보완해 묶은 것이다. 이는 당연히 질병을 어떻게 극복했다거나 질병을 통해 삶의 소중함을 깨달았다는 서사가 아니다. 아픈 몸에 대해 끊임없이 '해명'하길 요구하는 사회에서 어떻게 해명에 성공하거나 실패하는지에 관한 이야기다. 아픈 몸들이 질병과 공생하는 고유한 삶에 관한 '사소한' 이야기이며,

아픈 몸으로 산다는 것의 의미를 온몸으로 분투하며 해석한 이야기다.

더 이상 아픈 것 때문에 또 다른 아픔을 얻지 않기를

질병은 우리 몸을 변화시켰고 고통을 주었고 삶을 뒤틀리게 만들었다. 우리는 오랜 세월 어떻게든 건강을 회복해서 이전의 일상으로 돌아갈 수 있는 길을 찾아 헤맸고, 그 길을 가길 권장 받았다. 그러나 이제는 아픈 몸으로 어떻게 온전히 세상을 살아갈 수 있는지, 그러기 위해서는 어떤 길을 새롭게 만들어야 하는지에 대해 이야기한다.

새로운 지도를 만들어가고 있는 셈이다. 아픈 몸을 차별하는 사회에 어떻게 대응해야 하는지 탐색하고, 아픈 몸들도 배제당하지 않으려면 무엇이 필요한지 질문하면서 천천히 지도를 만들어보고 있다. 물론 완성하기 쉽지 않을 것이다. 건강 중심 사회에서 아픈 몸으로 어떻게 살아가야 하는지 우리도 아직은 완전히 알지 못하기 때문이다.

그럼에도 아픈 몸으로 어떻게 삶을 살아낼지를 두고

함께 지도를 만드는 행위가 주는 안정감과 위로는 말로 다 할 수 없다. 우리는 이 작업을 통해 질병과 함께 사느라 고통스러웠던 시간과 경험이 쓸모없는 게 아님을 새삼 확인했다. 건강한 몸에 대한 선망과 완전한 회복에 대한 막연한 강박이 아니라, 지금 몸을 인정하고 아픈 몸으로 살아가기로 '선택'함으로써 불투명했던 삶이 오히려 선명해졌다.

질병이 우리 삶을 낚아채서 세차게 내동댕이치는 것 같지만, 사실 상당 부분 우리 삶을 뒤흔드는 것은 생의학적 질병이 아니라 질병에 대한 사회적 태도임을 점점 더 명확하게 보게 됐다. 그리고 질병의 사회구조적 측면을 파고들수록, 우리가 아플 수밖에 없는 노동조건, 성차별, 성폭력, 빈곤, 환경, 기후위기, 건강 중심 주의 등의 문제가 우리 몸에 스며 있음을 면밀히 확인하게 됐다. 내면화된 낙인의 허구성을 만나던 순간의 환희. '정말이지, 내가 잘못해서 아픈 게 아니었어!' 우리는 서로의 고통을 확인하며, 세상 그 누구도 더 이상 아픈 것 때문에 또 다른 아픔을 얻지 않기를 더욱 간절히 바라게 되었다.

나는 이 책을 읽는 독자들이 아픈 몸으로서 겪는 사

회적 고통으로부터 '회복'되길 바라고, 자신의 몸을 '다른 몸'으로 수용하는 경험을 하길 바란다. 그리고 타인의 질병 경험을 읽는 것에서 끝나지 않고 자신의 질병 경험을 말하고 쓰기를 바란다.

자신의 질병 경험을 고유의 관점을 가지고 정리해서 발화하고, 나누는 경험을 하다 보면 새로운 자신을 만난다. 아프기 전에 자신이 어떤 사람이었는지, 아프기 전에 느꼈던 자신의 몸에 대한 감각과 세상에 대한 감각에 대해 다시 보게 된다. 병명에 갇히는 대신 질병에 대한 불안이 자신의 삶을 자주 흔들기 이전의 세계, 그 당시처럼 삶이 '복원'되는 것을 느낀다. 지금 이대로의 몸이 괜찮다는 감각을 얻는다. 몸에서 질병과 통증이 사라지지 않아도 지금 이대로 괜찮다는 안온함을 만나기도 한다.

그러니까 다양한 시민들이 자신의 질병 경험을 말하고, 질병 경험에 대한 단순한 묘사를 넘어, 자신의 질병에 스며 있는 사회문화적 요인을 찾아내는 작업을 해볼 수 있기를 마음 깊이 바란다. 마음에 고여 있던 질병 경험을 꺼내고, 회복하고, 연대하고, 변화하며 우리와 연결되길 바란다. 건강 중심 사회를 가로지르는 작은 파열음을 함

께 만들어가길 바란다. 이 과정이 질병권(잘 아플 권리)을
함께 만들어가는 과정이다. 서로의 용기와 환대 속에서
우리는 마침내 온전히 존재하는 여정에 놓일 것이다. 이
번에는 이 글을 읽고 있는 당신 차례다.

2021년 8월
당신과 함께 질병 세계 언어를 만들어가고 싶은
조한진희

차례

1 나는 내 질병이
부끄럽지 않다

다리아

내 이야기는 특별하지 않다.
그럼에도 내 이야기를 꺼내는 것은 의미가 있다.
내가 아픈 몸으로 어떻게 지내는지 보여주면,
당신도 이야기를 들려줄 수 있으리라.
내가 아픈 몸에 대해 이야기하는 것만으로도 위안을 받고 있듯이,
당신도 그럴 수 있기를.

생겼다 사라지길 반복하는 혹

이상하다. 왜 왼쪽 배가 더 나와 있지? 살이 쪘나? 그런데 왜 왼쪽만? 누운 상태에서 배를 바라보다 고르지 못한 배의 모양에 신경이 쓰이기 시작했다. 배를 만져보고 눌러봐도 아무 느낌이 없다. 아프지 않으니 큰 문제는 없으리라 생각했다. 그런데 시간이 갈수록 왼쪽 배는 계속 부풀어 올랐고, 언제부터인가 내 몸을 보기가 무서웠다. 배 속에 무슨 일이 생겼을까?

2013년 1월, 더는 안 되겠다 싶어서 병원에 갔다. 처음에는 내과를 찾아 CT(컴퓨터단층촬영)를 찍었다. 산부인과 질환일 거라고는 전혀 생각하지 못했다. 배꼽을 기준으로 왼쪽과 오른쪽 배의 크기가 비대칭이었기 때문에 막연히 내과 질환일 거라고 짐작했다. 그런데 막상 문제는 난소에 있었다. 산부인과로 옮겨 초음파 검사를 받았고, 난소가 너무 커져서 꼬일 수 있으니 당장 수술하자는 말을 들었다.

의사의 말은 위력이 대단했다. "난소가 꼬여서 터진다"는 것이 정확히 어떤 상황인지 알 수는 없지만, 난소가 터지면 굉장히 위험하고 통증이 심할 거라는 생각이 들었다. 다급한 말에 어떤 질병인지, 어떤 수술을 받는지 알아볼 겨를도 없이 바로 입원했다. 입원은 토요일, 수술은 월요일이었다. 하루의 여유가 있었지만, 일요일에 아무것도 하지 못했다. 갑작스러운 수술에 그저 당황했고, 걱정했고, 불안했고 그러다 슬퍼졌다.

2년 전, 처음 화상을 입어 수술실에 들어가게 되었을 때, 도중에 깨어날까 봐 무서웠다(이런 내용의 영화를 본 적이 있다). 두 번째 수술을 받을 때는 다시 깨어나지 못할까 봐 두려웠다. 생명이 걸린 수술이 아니라도, 수술을 앞두면 비장해진다. 유서라도 써두어야 하나 고민했고, 아끼는 사람에게 전화를 걸고 싶었다. 하지만 정작 가장 그립고, 목소리를 듣고 싶은 친구에게 전화하지 못했다. 하염

없이 바닥에 주저앉아 울기라도 하면 그대로 무너질 것 같았다.

수술이 끝나고 병실로 돌아왔는데 간호사가 가져다 놓은 가습기를 아빠가 도로 가져가라고 하는 말이 희미하게 들렸다. 가습기가 좋지 않다는 말을 들었던 모양이다. 나는 목이 너무 말라 아빠를 말리고 싶었지만 전신마취를 한 탓에 기운이 전혀 없어 목소리조차 나오지 않았다. 마취에서 깨야 하기 때문에 자면 안 된다고 말려도, 어쩔 수 없이 다시 잠에 빠져들었다.

딸이 수술실에 들어간 지 한참이 지나도 돌아오지 않아 엄마가 불안해했다. 수술이 예상보다 오래 걸렸기 때문이다. 왼쪽뿐만 아니라 오른쪽 난소에 있는 낭종도 없애야 했던 것이다. 의무기록에 "좌측 난소는 30~40퍼센트, 우측 난소는 60~70퍼센트 남기고 자름"이라고 쓰여 있었다. 수술 전에는 혹이 왼쪽에만 있다고 했는데, 막상 수술에 들어가니 오른쪽 난소에서도 혹이 발견됐다는 말을 믿어도 되나 싶었다. '어떻게 초음파 검사에서 그렇게 큰 혹을 못 볼 수 있지?' 이런 의심이 들었지만 따질 기력이 없었다.

수술을 받은 몸은 이전과 확연히 달랐다. 원래 좋지 않았던 체력이 바닥까지 떨어졌고, 체질도 바뀌었다. 퇴원한 뒤에는 한동안 동네 한 바퀴 돌기에도 힘에 부쳤다. 좋아하던 카페라테를 마시면 심장이 벌렁거렸다. 몸이 내 몸 같지 않았다. 원래 수술이 몸을 힘들게 하고 기력을 떨어뜨리는 일인지 모르겠으나, 다시는 받고 싶지 않았다. 가장 큰 문제는 면역력이 떨어진 것이다. 몸 상태가 조금만 나빠져도 식도염, 질염, 방광염에 걸려서 고생하기 일쑤다.

몸이 불안하니, 마음도 그랬다. 진단받고 갑자기 입원하고 수술해서 마음을 돌아볼 여력이 없어서였을까. 집에 돌아온 뒤에는 감정이 오로지 병과, 병으로 둘러싸인 듯한 현재 상황에만 집중되었다. 누구에게든 이해받고 위로받고 싶었지만, 사람들을 만날수록 그들과 멀어지고 왠지 동떨어진 느낌만 받았다. 지금은 익숙하지만 당시 난소낭종은 매우 낯선 질병이었고, 이런 일은 나에게만 닥친 불행 같았다.

지인들은 나름의 방식으로 위로하려 애썼다. 어떤 사람은 내가 둔하고 미련하다고 했다. 어떻게 혹이 주먹

만큼 커질 때까지 모를 수가 있냐며 답답해했다. 누군가는 별 일 아니란 듯이 이야기했다. 나보다 젊은 20대 초반에 난소낭종 수술을 받은 사람 이야기를 해주며, 그러니 너도 괜찮다고 했다.

하지만 나는 어떤 말에도 위안을 받지 못했다. 예민한 탓에 잔병치레는 하겠지만 큰 병은 안 걸린다 자부했던 자신이 한심했고, 살면서 누구나 겪는 아픔이라는 말에는 힘들어할 권리마저 빼앗기는 것 같았다.

나 자신과 세상, 모든 것에 화가 났다. 왜 혹이 생겼는지 끊임없이 생각했다. 예민한 성격 탓일까. 아니면 만병의 근원이라는 스트레스 때문인가. 벗어나고 싶어도 벗어날 수 없는 지긋지긋한 가족 관계, 가기 싫어서 아침마다 울음을 삼키면서도 먹고살아야 하니 다녀야 했던 회사, 몸을 돌보지 않은 생활습관이 문제였을까. 하지만 나는 최선을 다해 살았는데 왜 이런 일이 생겼을까.

초음파 검사에서는 보지 못했다며 사전에 말 한마디 없이 난소를 자른 의사에게도 화가 났다. 혹시 실수로 난소를 자르고 둘러댄 것은 아닐까. 수술한 배가 계속 아프고, 정서도 불안하고, 수술에 대해 미심쩍어하자 아빠가 나를 대학병원에 데려갔다. 어렵게 예약을 잡은 데 반해 진료 결과는 싱거웠다. 수술 후에 배가 아플 수 있고, 큰 혹에 가려진 다른 쪽 혹을 보지 못할 수 있다는 것이었다. 여전히 찜찜했다.

참다못해 남자친구(지금의 남편) 앞에서 엉엉 소리 내 울었다. 주변의 조언처럼 애써 괜찮은 척하는 대신, 슬프면 슬퍼하고 아프면 아파하기로 했다. 병이 생긴 것을 내 탓이라고 자책하는 대신 세상에 불평하고 화를 내고 내 슬픔에 공감했다. 몸이 아플 때면 나 자신을 돌보라는 (몸이 전하는) 메시지로 받아들였다. 한결 기분이 나아졌다.

아파도 돼, 네 탓이 아니야

다시 난소에 혹시 생겼음을 알게 된 해는 2017년이다. 수술을 받은 뒤 1년에 한두 차례씩 산부인과 검진을 꼭 받았기에 혹이 생긴 것을 알아챘다. 이전처럼 또 수술을 받아야 하나 싶어 겁이 났다. 다행히 크기가 작아 두고 보기로 했다. 이때는 난소의 혹 이외에도 염증, 두꺼워진 자궁 내막 등 여러 문제를 안고 있었다. 늘 피곤하고 스트레스로 가득했기 때문에 몸을 돌보기 위해 직장을 그만두었다. 그러고 나서 2년 뒤 검진 때는 혹이 없었다.

2020년, 또 같은 곳에 혹이 생겼다. 한동안 별 문제가 없어 안심하고 있었기에 뒤통수를 맞은 기분이었다. 세 번째로 낭종이 생기자 답답한 마음에 자꾸 인터넷 검색을 했다. 밀가루가 원인이라는 설이 있다. 유제품을 되도록 안 먹으려고 노력하고 있는데, 밀가루도 줄여야겠다고 다짐한다. 하지만 이 역시 가설일 뿐이다.

어느 전문의는 인터뷰에서 배란 횟수를 줄이는 게 중요하다며 출산과 모유 수유를 방법으로 제시했다. 난소에 혹 또는 암이 생기는 것을 막기 위해 임신을 해야 한다는 말인가. 출산할 일이 없는 사람에게는 어처구니없는 소리다. 하지만 배란을 자주 하는 게 문제라는 말에는 신경이 쓰인다. 낭종을 제거한 뒤에 생리 일정이 전보다 훨씬 빨라졌다. 23일 또는 이보다 더 빠른 주기로 생리가 돌아오는데, 지난해에는 생리를 열다섯 번 했다. 얼마 남지도 않은 난소가 일을 너무 많이 하고 있다.

호르몬이 문제라고 짐작할 뿐, 왜 이렇게 배란을 자주 하고, 자꾸 혹을 만드는지 도무지 이유를 알 수 없다.

혹이 안 생기는 비결이 있다면 그대로 따를 텐데 뭘 해야 나아질지 알 수 없으니 불안과 걱정만 커진다. 옆에서 지켜보던 남편이 말했다. "낭종이 불안이라는 저주를 내렸어."

한 달 뒤에 꼭 오라는 의사의 말이 머릿속에서 사라지지 않는다. 한 달을 훌쩍 넘겼는데도 병원에 가지 않았다. 혹이 사라져주면 좋겠지만 한 달 만에 큰 변화가 있을 것 같진 않았다.

이번에 찾은 낭종의 크기는 3.7센티미터다. 두 번째로 발견된 낭종은 3센티미터에서 더 커지지 않고 있다가 사라졌다. 더 커져서 또 수술을 받을 수도 있다는 불안감과 혹이 절로 사라질지도 모른다는 기대감 사이에서 오늘도 마음이 시소를 탄다. 만약 또 수술을 받아야 한다면, 어떤 마음이 들까. 이전처럼 자책하지 않을 수 있을까.

내가 가진 질병을 안다는 것은 어떤 의미일까? 원인과 증상, 치료법에 관한 정보를 알면 병을 이해하는 걸까? 나는 '난소낭종'을 자주 검색하지만 원인과 증상, 치료법에 관한 정보를 얻어도 불안은 여전하다. 오히려 몸에 좋은 것들을 챙겨 먹고, 운동을 해야 한다는 강박이 더

강해진다.

조한진희는《아파도 미안하지 않습니다》에서 "질병에 대한 인간의 막연한 두려움은 질병 세계의 목소리에 귀를 기울이고 상상해봄으로써 상쇄될 수 있다"고 했다. 인터넷에서 난소낭종에 관한 글을 아무리 읽어도 불안이 사라지지 않은 이유가 이것이었구나! 질병 세계는 의학적 설명이 아니라 아픈 사람의 목소리로 채워야 하는구나! 질병을 겪은 사람들 목소리를 직접 들어야 내 불안이 힘을 잃게 되겠구나!

같은 맥락일까. 신기하게도 내 질병 서사를 글로 쓰고 드러내면서 몸에서 벌어지는 일을 있는 그대로 받아들일 준비를 하게 되었다. 또다시 낭종 제거 수술을 받을 경우, 나에게 해주고 싶은 말이 떠오른다. '아파도 돼. 혹이 생긴 것은 오롯이 네 탓이 아니야. 병이 너를 완전히 뒤덮을 거라는 착각에 빠지지 마.'

나는 지금 질병과 나의 관계를 다시 정립하는 과정에 있다. 그렇다고 불안이 완전히 사라지진 않겠지만, 적어도 하루 종일 불안에 휩싸여 전전긍긍하지 않을 준비는 하고 있다.

내 난소를 위해 기도하지 마세요

"니들 아이 생기길 기도하면서 성경 쓰기를 한다……."

짐작은 하고 있었지만, 막상 직접 들으니 시어머니 면전인데도 한숨이 푹 나왔다. 내가 한숨을 쉬자, 시어머니는 꼭 낳으라고 강요하는 것은 아니라고 했다. 정말 나를 걱정해서 하시는 말씀일까. 혹시 며느리가 부담을 느끼고 스트레스를 받으면 임신이 안 될까 봐 걱정돼서 그러시는 걸까. 지난해 1월의 일이다. 결혼한 지 5년, 어머니는 아직도 손주를 포기하지 않았다.

2018년 여름, 어머니에게 직장을 그만둔 이유를 설명하면서 오른쪽 난소에 혹이 생겼다고 털어놨다. 하지만 두 번째로 같은 자리에 혹이 생겼다는 사실을 어머니는 모른다. 처음에 양쪽에 생긴 혹들을 수술로 없앴다는 것도 모른다. 결혼하기 전의 일이었다. 내 이야기를 듣고 어머니는 별다른 말씀을 하지 않았다. 하지만 이제 내 난소는 독실한 천주교 신자인 어머니의 기도 주제가 되었다.

시어머니에게 내 혹에 대해 말하고 한 달쯤 지나 이사를 앞두고 있었다. 이사하기 며칠 전, 시어머니와 시동생이 이사할 집을 축복해주기 위해 왔다. 셋이 둘러앉아 어머니의 주도로 기도하는데 집에 대한 내용이 이어지다 갑자기 이런 말이 들렸다. "다리아의 난소의 혹이 없어지길……." 슬쩍 눈을 들어 내 앞에 있는 시동생을 봤다. 순간, 저 멀리 어딘가로 사라지고만 싶었다.

2019년 3월, 어머니는 자궁에 좋다며 익모초 환 3봉지를 내미셨다. 직접 남대문 시장까지 가서 사셨다고 했다. 처음이 아니었다. 결혼한 지 얼마 안 됐을 때도 익모초 환을 주셨고, 나에게는 임신에 대한 압박으로 다가왔다. 성의를 생각해서 몇 번 먹었으나, 먹을 때마다, 아니 볼 때마다 기분이 찜찜했다. 익모초 환은 1년 넘게 주방에 있는 수납장 안에 방치되어 있다. 처음 주셨던 환도 다

먹지 못했다. 정말로 나를 걱정해서 환을 사 오셨을까. 내 안에는 어머니의 성의를 의심하는 질문이 자꾸 맴돈다.

시어머니에게 난소에 혹이 있다는 것을 털어놓은 이유는 그만큼 몸과 마음이 힘들고 휴식이 필요하다고 호소하기 위해서였다. 난소에 혹이 있다고 임신이 안 되는 것은 아니지만, 아이를 원하는 마음이 한풀 꺾이길 바랐다. 어머니가 여전히 아이를 원한다는 것을 알았을 때, 나는 그저 손주를 안겨줄 몸으로 존재할 뿐이라는 생각이 들었다. 어머니는 아니라고 부정하겠지만, 내 건강을 염려한 것이 아니라 손주를 못 볼까 봐 걱정한 것이다.

나에게 아이를 바라는 이는 시어머니뿐만이 아니다. 2013년 1월, 난소의 혹을 제거하는 수술을 집도할 의사의 설명을 듣는 자리에 아빠가 같이 있었다. 아빠가 "수술해도 아이 낳을 수 있지요?"라고 물었다. 순간 뒷목이 빳빳해지면서 가슴속이 싸늘해졌다.

진료기록을 보니 진단명이 '양측난소낭종'이다. 진료기록에는 발생 가능한 합병증으로 배란장애 및 생리불순이 기록되어 있다. 결혼할 때 이 사실을 시어머니에게 말해야 할지 고민했다. 대놓고 말하진 않았지만, 부모님은 내가 임신하지 못할까 봐 굉장히 신경을 쓰고 있었고, 사위 될 사람에게 나와 결혼해줘서 고맙다고 했다. 이런 부모님의 모습을 보니, 나까지도 내 수술 이력이 신경 쓰였다.

결혼할 때 서로 의료기록을 보여주기도 한다는 글을 인터넷에서 보고 고민이 깊어졌다. 이런 행태가 마음에 들지 않지만, 왠지 내가 안고 있는 문제를 숨기는 것 같아서 죄책감이 들었다. 고민을 털어놨더니 남편은 수술 이야기는 하지 말라고 했다. 가볍고 산뜻한 남편의 반응에 나도 더는 마음을 두지 않았다. 가족이라는 이름으로 묶인 이들이 임신을 비롯해 많은 요구를 하는 것과 달리, 남편은 나에게 바라는 것이 없다. 반면, 시어머니, 친정어머니, 고모, 남편의 사촌 누나 등은 자녀 계획을 묻거나, 아이를 낳으라고 직접 말하거나 넌지시 그런 의사를 내비친다.

오른쪽 난소에 또 낭종이 생겼다. 나는 절망했다. 낭종이 더 커지지 않길 바라면서도 언젠가는 또 같은 수술을 해야겠거니 짐작하고 있었다. 시무룩해져서 엄마에게 전화했다. 엄마는 같이 걱정해주셨는데 이후 더는 아이를 가지라는 말을 하지 않았다. 대신 출산 경험이 없는 여성이 잘 걸린다는 병명을 대며 석류즙을 비롯한 건강식품을 권했다. 뜻밖의 수확이랄까. 낭종 재발 소식을 들은 엄마는 더 이상 나의 임신을 기대하지 않았다.

그런데 회사를 그만두고 잘 쉬어서인지, 2년 뒤에는 낭종이 없어졌다. 기쁜 마음에, 병원을 나오자마자 엄마에게 전화했다. "혹이 사라졌어!"라는 내 말에 엄마는 "그럼 이제 애 낳으면 되겠네"라고 반응했다. 그 말에 좋았던 기분이 싹 사라졌다. 괜히 말했다고 짜증을 내면서 전화를 끊었다. 나는 아이를 낳지 않겠다고 계속 말해왔는데도, 엄마는 몸 상태 때문에 아이를 갖지 못한다고 여기고 있었던 것이다.

수술 이후 따를 수 있는 합병증이라는 배란장애와 생리불순은 없었다. 그렇더라도 내가 임신을 할 수 있는지는 모를 일이고 확인하고 싶지도 않다. 한때는 나도 자궁을 사용해야 하는 게 아닐까, 아이를 낳지 않는 것은 자연의 이법을 거스르는 일이 아닐까 생각했다. 심지어 내 몸이 임신과 출산을 원하는 것 같다고 여긴 적도 있었다. 여자라면, 결혼을 하면 당연히 아이를 낳아야 한다는 사회 통념에 어릴 적부터 익숙해졌기 때문이다. 지금에서야 이에 대해 깊이 고민하며 비판적인 시각을 갖게 됐다.

고등학교 때 사회 선생님은 아이를 셋 이상 낳지 않으면 졸업한 뒤에 찾아오지 말라고 수업 때마다 강조했다. 자녀를 많이 낳아 나라를 위해 헌신한 제자만이 인사하러 올 자격이 있다는 뜻이었다. 미사 강론을 하시던 어떤 신부님은 요즘 젊은 부부들이 편하게 살려고 아이를 낳지 않는다며 이기적이라고 비난했다.

출산율 저하가 사회문제로 떠오른 이래 '출산이 곧 애국'이라는 통념은 출산 장려 캠페인에 자주 쓰였다. "출산율이 줄어 대한민국도 줄어든다." "2050년이 되면 생산 가능 인구 1.4명당 부양 노인 인구 1명." "자녀는 국력—출산으로 가정도 나라도 지켜주세요." 불과 3년 전까지도 이런 공익광고가 나왔다.[1]

2016년에 이른바 '대한민국 출산지도'가 화제가 되었다. 당시 행정자치부는 저출산을 극복하자며 전국

---

[1] "'애국심으로 아이 낳으라'는 출산 강요 캠페인", 〈한겨레신문〉 2017년 6월 1일자.

243개 지자체별로 20~44세 여성의 인구수를 바탕으로 '가임기 여성 수' 지도를 만들어 공개했다. 여성 수가 많은 지역일수록 진한 분홍색으로 표시했고, 시도별로 한 자릿수까지 가임기 여성 수를 밝혔으며, 가임기 여성이 많은 지역을 기준으로 순위를 매겼다. 공개되자마자 '저출산을 여성의 문제로 만든다' '여성을 출산의 도구로 본다'는 거센 비판을 받았다.

2020년 2월, 어느 연예인 부부가 쌍둥이를 낳았다는 기사에 "애국자이십니다"라는 제목이 붙었다. 그보다 한 달 전 지역 언론에는 "출산은 구국이다"라는 제목의 칼럼이 실렸다. '출산=애국'이라는 인식은 지속적으로 비판받았지만, 저출산을 개인과 여성의 문제로 보는 시각은 여전하다. 여성에게만 부담을 지운다며 저출산이 아니라 저출생이라고 써야 한다는 지적도 있다. 공감되는 말이다.

우리는 아이를 낳지 않기로 했습니다

뉴스를 볼 것도 없이, 내 경우를 봐도 결혼하면 아이를 낳아야 한다는 인식이 여전히 지배적인 통념임을 알 수 있다. 사람들은 아무렇지 않게 결혼 여부를 묻고, 결혼했다고 답하면 기다렸다는 듯이 자녀가 있냐고 묻는다. 없다고 하면 으레 "'아직' 없군요"라고 말한다. 그냥 넘길 때도 있지만, 나는 "아직 없는 게 아니라 계속 없을 거예요"라고 덧붙인다.

보통은 이 정도로 끝나지만, 아이를 셋 이상 낳은 이를 두고 애국자라고 칭찬하던 어떤 이는 한 걸음 더 나갔다. "왜 애를 안 낳아요?" 결혼을 하면 으레 아이를 낳아야 한다 여기고, 불임이 아닌데도 자발적으로 자녀를 갖지 않겠다고 하면 대단하고 특별한 결정이라도 내린 것처럼 반응한다.

요즘은 지자체마다 출산 장려 정책의 하나로 자녀수에 비례해 보조금을 주는 것을 당연시한다. 정부뿐 아니라 종교기관, 기업에서도 다자녀 출산을 장려하고 지원한다. 온 나라가 한마음 한뜻으로 아이를 낳으라고 떠밀지만, 별반 소용이 없어 보인다. 2019년 대한민국 합계출산율은 0.92명(2020년 합계출산율은 0.84명)으로 OECD 회원국 가운데 가장 낮았다. 사회 인식이나 정부의 정책 방향과 달리, 나와 같은 사람들이 꽤 있고, 점점 늘고 있다.

　부부 둘만으로 이뤄진 가정을 이어가겠다고 결정한 가장 큰 이유는 나와 남편의 건강 때문이다. 나는 2년 반 정도 일을 쉬었는데, 결코 경제적으로 넉넉해서가 아니었다. 일을 그만둘 무렵, 쉬지 않으면 안 될 정도로 몸과 마음의 상태가 좋지 않았다. 남편이 받는 월급은 두 사람이 한 달 먹고살 정도다. 꼭 맞벌이를 해야 한다. 남편은 강도 높은 노동을 장시간 해야 하는 제조업에서 일한다. 아침 7시에 나가서, 일찍 오면 저녁 7시쯤 집에 도착한다. 하지만 야근이 잦아 그보다 늦을 때가 허다하다. 일을 마치고 집에 온 남편의 내복에는 한겨울에도 소금기가 배어 있다. 그가 아이를 돌보고 싶어 하더라도 육아는 내 몫이 될 가능성이 크다. 그러나 내 체력으로는 일과 육아를 결코 같이할 수 없다. 게다가 남편은 허리가 안 좋아서 당장 내일이라도 일을 못 하게 될 수도 있다.

　남들은 힘들어도 참으면서 아이랑 같이 사는데 왜 너희만 그러지 못하냐고 따진다면, 나는 남들처럼 살고 싶지 않다고 대답할 수밖에 없다. 나는 그냥 살고 싶지 않고 행복하게 잘 살고 싶다. 어떤 이는 자기들만 편하게 살려고 아이를 안 낳는다고, 이기적이라고 비난한다. 편하게 살고 싶어 하는 것이 비난받을 일이라고 생각하지 않지만, 아이가 없어도 남편과 나는 피곤에 절어 귀가한다. 그저 일하고 먹고 자고 겨우 집 안 정리를 한다. 남편과 나는 불안한 몸으로 겨우 일상을 유지하며 사는데, 여기에 아이의 자리까지 두기는 버겁다.

아프면서 내 관심은 자연스레 내 몸으로 향했다. 나에게는 몸을 잘 돌보는 것이 무엇보다 중요하다. 몸 돌보기는 마음 돌보기와 다르지 않다. 나는 몸과 마음을 돌보며, 여유롭게 편하게 살고 싶다. 이것이 나라 생각일랑은 하지 않는 이기적인 바람이라면, 차라리 나는 애국자가 되지 않겠다. 그러니 누구도 내 난소를 위해 기도하지 말라.

장거리 출퇴근이 남긴 것들

사람마다 타고난 수면 시간이 있다고 한다. 하루를 행복하게 보내려면 몇 시간을 자야 할까? 이건 사람마다 다르다. 나는 아홉 시간 이상 자야 편안하다. 하지만 회사에 다니면서 아홉 시간을 잘 수는 없었다.

이른 아침 집을 나서서 버스정류장으로 향한다. 출근 전쟁이 시작된다. 이미 사람들로 꽉 찬 버스를 보면 가슴이 턱턱 막힌다. 버스에 타야 한다는 절실함 앞에 졸음도 달아난다. 지하철은 더 심하다. 플랫폼이 줄 선 사람들로 어찌나 붐비는지 지나가기 힘들다. 반대 방향으로 가는 열차 대기선 앞까지 줄이 이어져 있다. 드디어 열차 문이 열리고 사람들이 빨려 들어간다. 양쪽으로 열린 문 위쪽을 한 손으로 짚고 필사적으로 버티는 사람을 보면서 멈칫. 다음 열차를 타야 한다. 어느 날은 내가 그렇게 필사적인 사람이 된다. 사람들에게 짓눌려 쩔쩔매는 모습이, 내 인생과 다르지 않다.

신도림역, 2호선으로 갈아타려는 사람의 머리가 빼곡하다. 사방이 사람으로 둘러싸여 있어, 계단을 내려가는 발걸음이 느릿하다. 사람이 많아도 너무 많다. 왜 사람들은 같은 시간에 출근해서 같은 시간에 퇴근할까? 도대체 왜 이렇게 불편하고 힘든 상황이 벌어질까? 이 질문에 누가 대답할 수 있을까? 답답함에 질식할 것 같다. 평생이 지긋지긋한 지하철 1호선을 못 벗어나면 어쩌나. 내가 아예 사라지는 것 말고 여길 벗어날 방법이 있을까.

사무실 책상에 앉자마자 집에 가고 싶어진다. 모니터를 들여다보는 눈이 잘 떠지지 않는다. 카페인에 약한 체질이지만, 정신 차리려고 커피를 마신다. 퇴근하고 집에 오면 8시쯤. 밥을 먹기에는 애매한 시간. 식도염이 있어 늦게 먹으면 자면서도 속이 부대낀다. 하지만 배가 고프고 기운이 없다. 한 시간만 일찍 저녁밥을 먹을 수 있다면 얼마나 좋을까. 냉장고에서 반찬 한두 가지를 통째 꺼내놓고 먹는다. 씻고 집안일 몇 가지를 하면 밤 11~12시. 피곤한데도 잠이 쉬이 오지 않는다. 질 낮은 잠을 대여섯 시간 자고 다음 날 출근. 어제와 같은 일정 반복. 덜어내지 못한 피로가 차곡차곡 몸에 쌓였다. 식도염, 질염, 방광염으로 종종 병원에 다녔다. 나중에는 난소에 혹이 다시 생겼고, 자궁내막이 두꺼워졌고, 폴립이 생겼다. 또 발음하기 어려운 감염균으로 인한 네댓 가지 질환과 골반염 진단을 받았다.

직장 생활 13년 가운데 10여 년은 도시를 넘나들며 살았다. 아침에는 인천에서 서울로, 저녁에는 서울에서 인천으로. 왕복 서너 시간을 길에 버린다. 몸은 서 있어도 마음은 바닥까지 떨어졌던 우울한 날들. 결국, 아침저녁으로 빼곡한 사람들 틈에서 내가 사라지기로 했다. 2년 반 정도 쉬면서 몸을 보살폈다. 먹을거리에 신경을 많이 썼다. 생협(생활협동조합)에서 산 재료들로 건강한 밥상을 마련했다. 몸이 원하는 만큼 충분히 잤고, 주민센터에서 일주일에 세 번씩 요가를 했다. 지자체에서 지원하는 재밌는 강의들을 들으러 다녔고, 대체로 게으르게 보냈다. 서서히 기운이 돌아왔다. 그래서 다시 일을 시작해도 괜

찾을 줄 알았다.

회사에 복귀한 지 3주쯤 지나자 코 안쪽에 물집이 생겼다. 헤르페스 염증이다. 약국에 갔더니 약사가 잠을 충분히 자라고 조언하며 약을 줬다. 3주 만에 다시 몸이 무너졌다. 나는 끊었던 카페인을 다시 찾았다. 네 시간 출퇴근을 버티지 못한 것이다. 여전히 집은 인천에, 직장은 서울에. 이렇게 계속 회사에 다닐 수 있을지 자신이 없어지던 차에 재택근무를 하게 됐다. 회사는 집이 먼 직원들을 생각해 사무실로 출근하는 날을 줄이기로 했고, 코로나19 덕에 재택근무제가 더욱 빠르게 자리 잡았다.

재택근무로 인해, 일을 하면서도 만성피로에 절지 않고 일정한 컨디션을 유지하게 되었다. 나는 하루 서너 시간을 길에서 보내지 않는다. 대신 늦잠을 잔다, 아침마다 따뜻한 물을 음미하면서 마신다, 누룽지를 끓여 아침을 먹는다, 햇볕에 이불을 넌다, 산에 간다, 파스타를 만든다, 상추를 씻는다, 30분을 걸어 생협에서 장을 본다, 좋아하는 드라마를 본다, 스트레칭한다, 바닥을 쓴다. 건강과 일상을 포기하지 않고도 직장 생활을 할 수 있다.

나는 내 질병이 부끄럽지 않다

나를 지키며 일한다는 것

내 몸과 삶이 보여주듯이 장거리 출퇴근은 몸과 마음을 병들게 한다. "통근 시간은 삶의 질에 영향을 주는 중요한 요인이다. 출퇴근에 쓰는 시간에 따라 수면, 여가 활동 등이 달라진다. OECD는 웰빙well-being을 측정하는 지표로 통근 시간을 쓴다."[2] 미국 워싱턴대학교 연구팀은 출근 거리가 15킬로미터 이상이면 고혈압에 걸렸을 가능성이 높고, 24킬로미터 이상이면 지방 과다와 비만, 운동 부족 상태일 위험성이 높다고 했다. 나의 출퇴근 거리는 28킬로미터였다(지금은 사무실이 이사해서 21킬로미터다). 또한 "장거리 통근은 우울증, 불안감, 사회적 고립감, 적대감 증가 및 인지 기능에 부정적 영향을 유발할 수 있는 것으로 알려져 있다. 장거리 출퇴근에 시달리는 사람일수록 수면의 질이 더 낮고, 더 많은 피로를 느끼며, 목과 허리 등 근골격계 질환이 나타날 가능성도 높다"[3]고 한다.

한국인의 평균 통근·통학 시간은 58분이다. OECD

---

2   〈한국의 사회 동향 2012〉, 통계청, 2012.
3   "출퇴근 거리 길수록 인생 짧다", 〈넥스트데일리〉 2016년 2월 18일자.

회원국 가운데 가장 길다. 〈2015 인구주택총조사〉를 보면, 통근에 한 시간 이상 걸리는 사람은 423만 명이 넘는다. 통근 시간이 긴 주된 이유는 집과 일터가 다른 지역에 있기 때문이다. 나처럼 집은 인천에 있지만, 서울에 있는 회사에 다니면 통근 시간이 길 수밖에 없다. 집값이 오르면서 직장은 서울인데 경기도와 인천으로 거주지를 옮긴 사람도 많다. 2000~2015년 인천과 경기도 인구는 각각 17퍼센트와 39퍼센트가량 늘었다.[4]

통계청이 발표한 〈한국의 사회 동향 2012〉에 따르면, "통근 시간은 소득과 반비례"하며 "실제로 소득이 높은 거주자는 주택 가격이 비싼 서울 중심 지역에 보다 많이 살고, 소득이 낮은 거주자는 주택 가격이 상대적으로 낮은 서울 외곽 지역과 주변 도시에 보다 많이 살고 있다"[5]고 한다.

내가 회사 근처에 살려면, 평생 일해도 못 갚을 돈을 대출받아야 한다. 물론 대출이 가능할 때 이야기다. 아니

---

4   〈한국의 사회 동향 2018〉, 통계청, 2018.
5   "주거와 교통─수도권 거주자의 출근 전쟁", 〈한국의 사회 동향 2012〉, 통계청, 2012.

면 건강을 담보로 장거리 출퇴근을 하는 수밖에 없다. 인천에 직장을 구하려 애썼지만 쉽지 않았다. 다녔던 회사 일곱 곳 가운데 한 곳만이 내가 사는 도시에 있었다.

2020년 코로나19로 직장인의 약 62.3퍼센트가 재택근무를 했다.[6] 고용노동부가 2020년 9월에 실시한 조사에 따르면 재택근무를 한 노동자 중 91퍼센트가 재택근무에 만족했다고 말했다. 그러나 재택근무가 안 맞는 사람도 있고, 재택근무가 불가능한 업종도 많다.

남편의 일터는 산재 사고가 전국에서 둘째로 많은 지역에 있다. 크게 다친 적은 없지만, 자잘한 상처가 자주 나서 늘 방수 밴드와 연고를 준비해둔다. 남편은 출퇴근 시간과 점심시간을 빼면 하루 9~10시간을 일한다. 잦은 야근에 소금기 밴 티셔츠, 양말에 엉겨 붙은 아주 작은 쇳조각들, 긁히거나 데인 상처를 보며 일이 매우 고될 것이라고 짐작한다. OECD 회원국 가운데 산업재해 사망률 1위, 매년 2000명가량이 사고나 질병으로 죽는 현실에

6   "직장인 62.3퍼센트 '코로나19 사태로 재택근무 했다'", 〈잡코리아〉 2020년 5월 4일자.

서 나는 그저 남편이 다치거나 죽지 않길 간절히 바랄 뿐이다.

코로나19 확산에도 그의 삶은 아침에 마스크 챙기는 일 말고는 거의 달라지지 않았다. 일자리를 잃거나 무기한 무급휴직에 처해진 사람도 있는데, 일자리를 유지하는 것만으로도 감사해야 할까. 그에 비하면 나는 재택근무로 십수 년 만에 장거리 출퇴근에서 벗어났으니 운이 좋다고 생각해야 할까.

장거리 출퇴근은 내 인생에서 피할 수 없고, 답도 없는 문제인 줄 알았다. 내게는 재택근무가 답이다. 남편을 비롯한 모든 노동자에게 절실한 답은 노동시간 단축일 것이다. 저마다 자신의 몸과 처한 상황에 맞게 노동환경을 조정할 수 있어야 한다. '아프면 쉬기'라는 너무도 당연한 명제가 사회적 이슈로 떠올랐지만, 여전히 아파도 쉴수 없다. 코로나19 이후는 전혀 다른 시대가 될 것이라고 한다. 하지만 노동 현실을 보면 우리 사회는 코로나19 이전으로 돌아가기만을 바라는 듯하다.

스웨덴에선 장거리 출퇴근자의 경우, 출퇴근 시간을 노동시간에 포함한다고 한다. 독일은 코로나19를 계기로 집에서 일할 권리를 노동법에 명시하는 방안을 추진한다고 한다. 인터넷 요금 등 재택근무에 필요한 서비스나 물품을 지원하는 회사도 있다.

재택근무가 보편화되면 장거리 출퇴근자의 고통을 덜 뿐만 아니라 중증 장애인 등 대중교통 이용이 어렵거나 움직임이 불편한 이들이 일할 기회가 늘 것이다. 코로나19로 얻은 기회의 문이 여기서 닫히지 않기를. 내가 다니는 회사는 출근 횟수가 늘어날 수도 있지만, 당분간 재택근무를 유지하기로 했다. 내일은 집에서 일하는 날이다. 아홉 시간 잘 수 있다.

사실 나도 탄탄한 근육을 갖고 싶다

며칠 전 통화하면서도 엄마는 유산균을 꼭 챙겨 먹으라고 당부했다. 엄마와 대화할 때마다 건강식품 이야기가 빠지지 않는다. 왜 그렇게 건강에 신경 쓰냐고 묻자, 엄마는 당연한 걸 왜 묻냐는 듯 어이없어하면서 이렇게 말했다.

"한번 아프면, 다시 원래대로 돌아갈 수 없어."

엄마는 디스크 수술을 받은 뒤로 통증만 없을 뿐이지 몸이 예전 같지 않다고 했다. 옆으로 누울 수 없어서 똑바로 누운 자세만 가능하다. 할 수 있는 운동이나 동작에도 제한이 많다. 기억하기에 내가 어릴 적부터 엄마는 늘 운동을 했다. 허리가 아프기 전에는 볼링, 수영, 에어

로빅, 헬스 등을 했다. 한번 건강을 잃으면 이전으로 돌아갈 수 없다고 확신하는 엄마에게 평소 건강관리에 신경 쓰는 것은 자연스러운 일이다. 한 가지 이유가 더 있다. 엄마는 "나중에 자식들에게 짐 안 되려면 건강해야 한다"고 덧붙였다.

엄마는 건강을 위해 그토록 애쓰는 이유를 설명했지만 내가 정말 궁금한 것은 건강식품을 찾고, 건강 프로그램을 보고, 철마다 유행하는 슈퍼푸드를 찾는 이유였다. 나는 유행하는 옷을 사듯 건강 트렌드를 쫓는 일이 의아하지만, 엄마에게 건강식품 챙겨 먹기는 당연한 일이다.

가끔 친정에 가면 처음 보는 건강식품과 즙이 늘어나 있다. 종합비타민, 오메가 스리, 루테인, 석류즙 옆에 있는 콜라겐 상자를 들어보며, '콜라겐은 족발에만 있는 줄 알았는데, 건강식품으로도 나오는구나. 요즘은 이게 유행인가?'라고 생각했다. 지난겨울까지 엄마의 슈퍼푸드는 서리태콩이었다. 요즘은 귀리다.

시댁에 가도 마찬가지다. 시어머니는 주로 즙이나 음료 쪽이다. '저 많은 즙을 언제 다 먹나?' 마음속 생각이 입 밖으로 나와버렸다. 어머니는 "다 먹을 수 있다"고 단

언했다. 몇 년 전에는 올리고당에 계핏가루를 섞어 준 적이 있다. 건강 프로그램에 나왔는지, 어머니 세대에 유행하는 음식인지 모르겠으나 몸에 좋은 거라고 했다. 그러나 계피를 싫어하는 나는, 올리고당 한 병을 어떻게 처리할지 난감했다.

가끔씩 텔레비전을 보다 놀라곤 한다. 홈쇼핑 채널이 매우 많아졌고, 몇 번만 훑어봐도 요즘 무엇이 유행인지 알 수 있다. 한동안 홈쇼핑에서 크릴 오일을 자주 팔았다. 어쩌다 한 번씩 보는 나조차도 크릴 오일이 얼마나 뜨거운 화제인지 알 수 있었다. 대형 마트에서도 진열대에 쌓아놓은 크릴 오일을 봤다. 그러다 크릴을 마구 잡아들인 탓에 남극의 생태계가 위협받는다는 기사를 봤다. 엄마 집에 혹시 크릴 오일 건강식품이 있나 확인했다. 다행히 없었다.

드라마 〈슬기로운 의사생활〉에도 비슷한 장면이 나온다. 의사인 아들이 엄마에게 잘 먹어야 한다고 잔소리를 하자, 엄마가 잘 먹고 있다면서 바구니에 가득 찬 건강기능식품들을 손짓한다. 그러자 아들은 "엄마, 저거 다 먹으면 약물중독이야!"라고 외친다.

건강에 대한 관심과 불안은 마케팅에 이용되고, 건강기능식품 시장 규모는 매년 엄청나게 커지고 있다. 2018년 건강기능식품 매출액은 2014년보다 54.6퍼센트나 증가했다. 식품의약품안전처에 따르면 2018년 건강기능식품 매출액은 2조 5000억 원에 이르고, 2014~2018년 생산량은 매년 평균 13.2퍼센트씩 늘었다.

건강기능식품을 찾는 사람들이 매년 이렇게나 늘고 있는데 그만큼 효과가 있기 때문일까? 아니면 건강기능식품을 먹어도 건강에 대한 걱정과 불안이 여전하다는 의미일까? 한번 아프면, 원래 몸으로 돌아갈 수 없다는 엄마의 불안은 건강식품을 먹으면서 덜어지고 있을까?

나이가 들수록 무릎이 아프거나 눈이 잘 보이지 않는 등 불편한 부위가 늘어나는데, 엄마가 '통증 개선' '면역력 증진' 같은 말을 듣고도 건강식품에 빠지지 않기는 어려웠을 것이다. 엄마는 실제로 건강식품이 도움이 된다고 믿는다. 예를 들어, 석류즙을 먹으면 무릎이 덜 아프단다. 그러면서 철마다 좋다는 소리를 듣고 끊임없이 다른 건강식품, 슈퍼푸드를 사려 드는 것도 사실이다.

어쩌면 건강식품을 먹으면서 얻는 것은 건강이 아니

라 내 몸을 위해 뭔가를 했다는 작은 위안일지도 모른다. 운동은 못 해도 운동용품을 사면 잠깐 뿌듯함과 안도감이 생기듯이.

열심히 노력하면 건강해질 수 있을까

사실 나는 엄마를 보면서 의아해할 입장이 못 된다. 건강식품을 찾지 않는 나에게는 운동에 대한 강박과 죄책감이 있다. 몇 차례 수술과 입원을 겪은 뒤 '평소에 몸을 관리해야 한다'는 생각을 나도 모르게 주입했다. 미리미리 건강을 챙기지 않다가 또 아플까 봐 두렵다. 그래서 건강하게 먹고, 규칙적으로 운동하며 살아야 한다고 다짐하고는 한다. 하지만 그건 이상에 불과하고 실제는 다르다.

건강하게 먹고 규칙적으로 운동하며 며칠을 보내다가도 스트레스를 받으면 이런 습관이 완전히 무너진다. 인스턴트 음식을 먹고 종일 누워 드라마만 보며 하루를 보내면 죄책감이 든다. 그러다 다시 운동을 해야 한다는 압박을 느끼고 무리하기도 한다. 강박과 죄책감 사이를 오가는 일이 반복된다.

그나마 주민센터에서 요가 수업을 받는 동안에는 규칙적으로 운동하며 일상을 유지했는데, 코로나19로 인해 '건강하게 살기 프로젝트'가 엉망이 됐다. 대신 죄책감을 조금이나마 덜기 위해 자꾸만 유튜브로 운동하는 동영상을 찾았다. 영상을 볼수록 탄탄한 근육을 원하는 마음이 점점 강해졌다. 운동법을 익힌다는 핑계로 헬스와 필라테스에 능숙한 이들의 모습을 넋 놓고 바라보며 감탄했다. 나도 열심히 운동하면 저렇게 될 수 있을 것만 같다. 지금은 팔굽혀펴기는커녕 버티지도 못하지만, 매일매일 몇 달 연습하면 팔굽혀펴기의 신이 될 수 있지 않을까 기대한다. 그러나 팔굽혀펴기 연습은 닷새 정도 이어졌다. 지금은 달리기에 흥미가 생겨 밤마다 뛰쳐나가지만, 이게 얼마나 계속될까? 그사이 집에는 짐볼, 마사지 밴드, 폼 롤러 등 운동용품이 늘어났다.

우리 사회는 아프면 관리를 잘하지 못했다고 개인을 탓하고, 열심히 노력하면 건강해질 수 있다고 믿는다. 나는 이렇게 만들어진 믿음이 아픈 사람에게 어떤 폭력을 가하는지 알면서도 이를 버리지 못했다. 특히 가까운 사람이나 나 자신에게는 더욱더 이런 믿음을 강요하기도 한다.

허리가 아픈 남편은 일 마치고 집에 오면 씻고 밥을 먹은 뒤 바로 거실 바닥에 눕는다. 집에 있을 때는 거의 이런 자세를 벗어나지 않는다. 워낙 노동 강도가 센 제조업체에서 일하는 남편이 집에서만은 편히 쉬길 바라기에 그저 두고 보지만 가끔 답답해하는 마음이 튀어나온다. "어디 한의원이 좋다더라, 운동해서 근육을 길러라, 좀 걸어라, 계속 이렇게 살 거냐"라고 잔소리를 퍼붓는 나. 급기야 집에만 오면 드러눕기만 한 너를 위해, 마치 내가 희생이라도 했다는 뉘앙스를 풍기기까지 한다. 그런 내 말에 남편은 상처받았다.

남편에게는 자신만의 속도가 있다. 그는 어떤 일을 하겠다고 결심하고 시작하기까지 나보다 훨씬 오래 걸린다. 내 기준으로는 매우 느리지만, 남편은 자신의 통증을 관리하기 위해 계획을 세우고 실행하고 있었다. 남편은 재활 관련 영상을 찾아보고 따라 하다 허리 통증이 와서 잠시 쉬고 있다고 했다. 나는 그가 한동안 운동을 했다는 사실은 까맣게 잊고 나아지려고 노력하지 않는다고 비난을 쏟아부었다.

나는 내 질병이 부끄럽지 않다

다시 일을 시작한 뒤, 출근 2주 만에 컨디션이 바닥을 쳤다. 피로에 찌든 나를 보던 동료가 비타민 영양제를 줬다. 비타민제를 먹으면 소변이 형광색이 된다는 걸 처음 알았다. 한 달 뒤에는 내 돈을 주고 이 비타민제를 샀다.

건강하기 위해 필요한 것이 무엇인지 우리는 너무나 잘 안다. 건강하기 위해선 신선한 야채와 잡곡밥 위주의 건강한 밥상을 마련하고, 규칙적으로 운동하고, 충분히 휴식하면 된다. 문제는 누구나 알지만 아무나 실천할 수는 없다는 것이다. 직장 생활을 하면서 매끼 친환경 건강 밥상을 마주하고, 매일 30분씩 땀 흘려 운동하고, 몸이 원하는 만큼 충분히 쉴 수 있을까? 장 건강을 위해서 섬유질이 풍부한 채소와 과일을 먹는 게 좋다는 사실은 안다. 하지만 편의점에서 산 김밥으로 점심을 먹고 유산균 제제 한 봉지를 뜯어서 입안에 털어 넣는 게 우리네 일상이다. 바쁘고 몸을 돌볼 여력이 없는 일상에서 그나마 쉽게 할 수 있는 것이 건강식품 챙겨 먹기다.

건강식품을 쫓는 엄마를 생각하다가 건강과 질병에 대한 나의 불안까지 돌아보게 됐다. 나는 도대체 무엇을 불안해하는 걸까? 질병에 따라 다르겠지만, 아프면 통증을 달고 살아야 하고, 지금 같은 일상을 누리지 못하고, 돈 때문에 쪼들리고, 가족에게 짐이 될까 봐 두렵다. 구체적인 것 같지만, 사실은 아주 막연한 상상이다. 어떤 일이 일어날지 알 수 없다. 게다가 가능하지 않은 바람이다. 나이가 들수록 자연히 여기저기 아프고, 일상이 달라지고, 가족 또는 누군가에게 짐이 될 것이다. 일어날 수밖에 없는 일을 걱정하고 불안해했다.

나는 엄마에게 왜 그렇게 건강식품과 건강 정보에 매달리는지 묻는 대신 늙고 아파서 자식에게 기대는 것은 자연스러운 일이라고, 아파도 괜찮다고 말했어야 했다. 그랬다면 엄마가 지금보다는 안심하고 지낼 수 있지 않을까? 질병을 삶의 일부로 받아들이면 나 또한 강박과 죄책감 없이 편안하게 몸을 돌볼 수 있을 것이다.

거실 한구석을 차지하던 짐볼은 장 안쪽 깊숙한 곳으로 옮겨졌다. 짐볼의 바람을 빼면서, 버릴 수도 없고 처치 곤란이란 생각이 들어 한숨만 났다. 마사지 밴드도 몇 번 쓰지 않고 서랍에 그대로 있다. 짐볼과 밴드가 꼭 필요한 물건 같아서 샀고, 열심히 운동하고 스트레칭하려 했는데, 역시나 후회가 남는다. 건강을 위해 건강식품을 꼭 먹어야 하는 것이 아니듯 운동을 하는 데 운동용품이 꼭 필요한 것도 아니다.

'수치스러운' 질병은 없다

벌써 몇 번째인지 모르겠다. 횟수가 더해질수록 통증이 더 심해지고, 발병 간격이 좁아지고, 증상이 나아지기까지 걸리는 시간이 길어진다. 더는 참지 못해 병원에 가야 하는 순간이 조만간 올 것 같다. 아니, 이미 병원에 가야 했는지도 모른다. 지금 병을 키우고 있을 수도 있다. 이렇게 치질은 내 삶에서 점점 강력해지고 있다.

처음 치질을 겪은 것은 약 15년 전이다. 지인에게 추천받은, 발음하기도 어려운 연고를 약국에서 기어들어 가는 목소리로 여러 번 말한 끝에 겨우 산 기억이 어렴풋이 난다. 처음엔 직접 연고를 바르다가 제대로 발라졌는지 확인이 안 되니 엄마에게 부탁했다. 아무리 가족이라지만 다른 사람 앞에서 엎드려서 엉덩이를 치켜든 자세로 항문을 보이기란 아무래도 찜찜했다. 다행히 좌욕과 연고만으로 상태가 좋아져서 병원에 가지 않았고, 한동안은 치질로 고생하지도 않았다.

다시 치질이 생긴 것은 결혼한 뒤다. 2~3년 전부턴 1년에 한두 번씩 꼭 치질로 애를 먹고 있다. 약국에서 연고를 사기도 쉽지 않았던 기억이 나서 남편에게 부탁한다. 지난해 설날을 2주 정도 앞둔 어느 날 또 치질이 도졌다. 도저히 안 되겠다 싶을 정도로 상태가 심각해졌다고 느끼기는 이때가 처음이었다. 고통 때문에 잠들기도 힘들었다. 앉아 있기도, 걷기도, 어떤 자세를 취하기도 편치 않았다. 화장실에서 문고리를 잡고 식은땀을 흘리며 나도 모르게 입으로 "하느님……"을 불렀다. 소리는 처절했다. 목소리를 제대로 낼 힘조차 없었다. 화장실에서 진을 다 빼고 나와서는 말 그대로 한숨을 돌려야 했다.

결국 가장 가까운 항문외과를 검색하고 주르륵 달린 댓글을 읽었다. 주로 수술 후기였다. 나도 병원에 가면 수술을 받게 될까, 덜컥 겁이 났다. 설 연휴가 지나고 2월부터 새 직장에 다니게 돼서 걱정이 이만저만이 아니었다.

2년 반이나 쉬었다가 겨우 다시 일하게 되었다. 회사에 첫 출근 날짜를 미뤄달라고 어떻게 말해야 하나, 치질 수술을 받고 어떻게 의자에 앉아서 일하지, 네 시간 출퇴근은 또 어떻게 하나, 고민으로 머릿속이 혼란했다.

후기를 계속 읽어 내려갔다. 다행히 이전의 난소낭종처럼 수술하고도 일주일씩 입원하지 않고, 이틀이면 퇴원하는 것 같다. 퇴원을 빨리 한다고 해도 고통이 클 터인데, 일상생활을 어떻게 할까 궁금했지만, 병원 후기에 그런 내용까진 없었다. 우선 병원 두어 곳의 상호와 위치를 기억해뒀다. 특히 여자 의사가 있다는 곳으로 마음이 기울었다. 그래도 여전히 병원에 가기란 내키지 않았다. 배가 이 정도로 아팠다면 오래 고민하지 않았을 것이다. 하지만 항문은 달랐다. 아무래도 의사에게 보여주는 것이 좋겠다는 남편의 종용에도 도저히 병원에 갈 마음이 나지 않았다. 결국 설 연휴만 지나고 보자고 마음먹었다.

며칠을 똑바로 누워만 있었다. 누워서 휴대전화로 치질에 대해 검색하는 게 일이었다. 특히 겨울철에 치질이 많이 생긴다는 걸 알게 됐다. 연휴를 앞두고 병원에는 나와 같은 환자들이 많겠구나 생각하니 약간 위안이 됐

69
나는 내 질병이 부끄럽지 않다

다. 치질의 종류에는 치핵, 치루, 치열이 있다는 것도 알게 되었다. 15년 전에 앓았던 것은 치열이었다. 지금은 치핵이다. 내 질환의 정확한 이름이 혈전성 외치핵이라는 것도 알았다. 알고리즘의 흐름에 따라 결국 좌욕 도구 광고에 이르렀다. 검색의 끝은 결국 광고구나.

다행히 설 연휴 동안 괜찮아졌다. 원래 있던 곳으로 다신 들어가지 않을 것 같던 딱딱한 콩알이 가라앉았다. 일단 병원에 가지 않아도 될 것 같았다. 다시는 화장실에서 휴대전화를 보거나 오래 앉아 있지 않겠다고 굳게 다짐했다. 이젠 정말 괜찮을 줄 알았는데…….

다시 고생이 시작된 것은 9월 초부터다. 못 견딜 정도로 심한 통증은 가라앉았지만 한 달이 지나도록 낫지 않고 있어 골치다. 남편이 연고를 사 와야 하는데, 매일 늦게 퇴근하느라 도통 시간이 나지 않았다. 나는 회사 근처에 있는 약국에 갔다. 분명히 전에는 여자 약사가 있었는데, 오늘은 남자 약사가 있다. "전에는 여자분이 있었는데……"라며 말끝을 흐렸다. 여자 약사는 월요일에 일하고, 오늘은 자신이 맡는 날이라고 한다. 그냥 돌아서 나올까 망설이다 치질 연고를 달라고 작게 말했다. 마스크를 쓰고 있어서 그나마 용기를 낼 수 있었다. 남자 약사는 웃음기 어린 목소리로 (왜 여자 약사를 찾았는지 이해했다는 듯) "괜찮아요"라며 연고를 건넸다. 얼른 계산하고 나가고 싶은데, 피가 나면 약을 먹어야 한다, 변비가 있으면 안 좋으니 관리해야 한다 등등 말이 길다. 나는 "피는 안 나요"라고 황급히 말하고, 인사도 하는 둥 마는 둥 하고 나왔다.

다행히 재택근무 중이라 꼭 의자에 앉아서 일하지 않아도 되었다. 그렇다고 쿠션에 기대서 비스듬히 누울 수도 없었다. 온전히 눕지 않으면 항문에 힘이 들어가기 때문이다. 어쩔 수 없이 노트북을 거실 바닥에 놓고 엎드렸다. 화상 회의를 할 때도 양해를 구하고 엎드릴 수밖에 없었다. 문제는 나의 만성질환 가운데에는 치질뿐 아니라 식도염도 있다는 것.

치질 때문에 사흘 정도 엎드려 지냈더니 식도염이 심해졌다. 물도 넘기기 힘든 지경이 되었다. 위아래가 다 문제였다. 평소에 소화가 잘 안 돼서 저녁마다 한두 시간씩 걷거나 달리기를 해왔는데, 치질 때문에 운동을 할 수 없어 소화력이 떨어졌다. 식도염을 생각하면 걸어야 하고, 치질을 생각하면 누워 있어야 하니, 이 상황을 어찌하리오. 운동을 전혀 안 할 순 없어서 뛰는 대신 천천히 걷기로 했다. 그런데 막상 걷다 보면 한두 시간을 훌쩍 넘기고, 어김없이 치질은 더 심해지고, 그러길 반복하다가 제한 시간 30분을 정해두고 걸었다. 그런데도 여전히 병원에 갈 마음은 들지 않았다. 도대체 왜 이렇게까지 병원에 가기가 망설여질까.

수치심을 느끼는 대신 아프다고 말하기

내가 치질로 고생하고 있다고 주변에 호소하자, 지인들이 자신들도 그랬다고 털어놓았다. 병원과 좌욕 소개 등 조언도 잊지 않았다. 병원에 가기를 너무나 싫어해서 20년간 참다가 결국 수술을 받았다는 이도 있고, 수술 후에 괄약근의 힘이 예전 같지 않다며 수술에 신중하라는 이도 있다. 엄마도 친구들이 수술받은 병원을 소개했다. 엄마 말인즉, 친구 중에 치질 수술을 받은 사람이 많으니 나도 얼른 병원에 가라는 뜻이었다. 한 지인 또한 치질 수술을 받은 경험을 이야기하자 주변에서 너도나도 치질 수술을 받았다고 털어놓았다고 했다. 그만큼 많은 사람이 치질로 고생하고 있다.

통계상으로도 치질은 매우 흔하다. 우리나라에서 매년 백내장 다음으로 수술 건수가 많다. 2018년에는 17만 4000명가량이 치핵 수술을 받았으며, 매년 19만 명가량이 치핵 수술을 받는다.[7]

치질이 흔하다는 사실이 위안이 되기도 하지만, 도저히 병원에 갈 마음이 생기지 않는 이유 또한 바로 여기에 있다. 치질은 되도록 숨겨야 하는 질병으로 인식된다. 치질로 고통받는 사람이 이렇게나 많고, 통증을 호소하면 너도나도 자기 경험을 털어놓지만, 내가 먼저 말하기 전에는 아무도 자신이 치질로 고생했다는 말을 하지 않는다. 내가 치질로 아프기 전에는 이렇게 많은 사람이 치질로 힘들어하고, 수술을 받는다는 사실을 알지 못했다. 사람들은 치질을 부끄러워한다. 나도 그렇다. 항문 질환 카페에서 글 몇 개만 열어도 "수치스럽다"는 단어가 왕왕 보인다. 병원에서 의사에게 항문을 내보이는 것 자체가

---

7   〈2018년 주요수술통계연보〉, 국민건강보험, 2019.

수치스럽다고들 한다. 다른 기관도 아니고 배설기관을 남에게 보이는 것은 확실히 거북하다.

게다가 치질은 웃음거리로 소비되기도 한다. 영화 〈오! 해피데이〉에는 주인공이 항문 부위 고통으로 어정쩡하게 걷는 모습, 수술을 받고도 차마 그랬다고 말하지 못하고 회식 자리에서 어쩔 수 없이 술을 먹는 장면이 재밌게 그려진다. 치질을 경험한 적이 없는 누군가는 치질을 생각하면 텔레비전에서 본 코믹한 장면이 먼저 떠오른다고 한다.

병원에 가기 꺼려지는 이유 중 또 하나는 수술에 대한 두려움 때문이다. 수술 건수가 많다는 것은 다양하게 해석할 수 있다. 수술해야 할 정도로 심각한 상태로 병원을 찾는 이들이 많거나, 과도하게 수술을 많이 하고 있거나. 그저 환자에 불과한 나로서는 의사가 심각한 얼굴로 수술을 하라고 하면 그래야 하나 보다, 하고 받아들여야 할 것이다. 나는 어떻게든 수술을 피하고 싶다.

나는 치질을 앓고 병원에 가길 주저하면서, '왜 어떤 질병은 유난히 수치스럽고 부끄러운 것일까' 하고 자주 생각한다. 항문이 아니라 다른 부위에 혈전(피가 혈관 안에서 흐르다가 굳어서 생긴 작은 덩어리)이 생겼다면 어땠을까? 다른 부위가 이 정도로 아팠다면 병원에 가기를 별로 고민하지 않았을 것이다. 눈에 다래끼가 생겼을 때 나는 망설이지 않고 안과를 찾았다.

그래서 나는 지금 '치질을 수치스러워해야 할까?' 하고 의심한다. 치질에 관해 내가 읽은 어떤 글에도 '치질 때문에 수치심을 느끼지 않아도 된다'는 말은 없었다. 의사도, 대부분의 사람도 치질이 항문 부위에 생기기 때문에 이를 수치스럽게 여긴다는 것을 알고 있다. 그러나 대개는 창피하더라도 통증이 있으면 병원에 꼭 가야 한다고 이야기하고 만다. 정작 병원에 가지 못하게 만드는 이 수치심에는 별 관심이 없는 것 같다. 치질뿐만 아니라 우울증 같은 정신질환의 경우도 마찬가지일 것이다. '질병춤' 모임을 함께하는 이는 엘리베이터에 탄 다른 사람이 신경 쓰여 신경정신과가 있는 층수 버튼을 누르기 망설여진다고 했다.

나는 이 수치심을 성찰할 필요가 있다고 생각한다. 수치심이란 원래 집단에서 폭력적이거나 탐욕스럽게 되는 것을 막아 주변에 해를 끼치지 않고 좋은 구성원이 되게 해주는 기능이 있다고 한다. 그러나 "해로운 수치심" 도 있다. 이에 대해 힐러리 제이콥스 헨델Hilary Jacobs Hendel은 《오늘 아침은 우울하지 않았습니다》에서 "'나는 나빠, 나는 충분히 착하지 않아, 나는 사랑스럽지 않아'라고 말해서 진정한 자신을 자유롭게 드러내지 못하게 한다"며 "수치심을 다루기 위해서는 수치심은 사회 속에서 살기 위해 학습된 감정이라는 것, 수치심이 나를 탓해도 내 잘못이 아니라는 점을 알아야 한다"고 말한다.

치질을 비롯해 질병으로 인해 느끼는 수치심은 사회문화적 기준에서 벗어나거나 정상이 아니라는 생각에서 비롯된 해로운 수치심이다. 수치심 때문에 자신을 드러내지 못하고 병을 숨기다가 더 심각한 상태가 되기도 하니 얼마나 해로운가. 나는 자신에게 이렇게 말하고 싶다. '치질을 수치스러워할 이유가 없으며, 부끄러워해서도 안 된다'라고. 항문에 생긴 질환은 신체 다른 부위의 질환과 전혀 다를 바 없다고.

그러나 먼저 돌아보고 바꿔야 할 것은 질병에 대한 사회적 시선일 터다. 환자를 놀리거나 웃음거리로 소비하고, 낙인찍고, 차별하고, 배제하는 사회에서 수치심을 느끼지 말고 질병을 드러내라고 말할 수 없다. 그러므로 나 자신뿐만 아니라 우리 사회에서는 '어떤 질병을 앓더라도 창피해하지 않아도 된다'는 인식이 절실하다. 제이콥스 헨델의 말처럼 "우리는 수치심을 느끼도록 태어나지 않았"기 때문이다.

나는 더 이상 내 몸을
비난하지 않는다

내 이야기를 털어놓을 자신이 없었다. 아픈 몸으로 살아
가는 당사자의 이야기가 세상으로 나오는 것은 의미가
있다. 하지만 내 질병과 경험을 밖에 드러내는 게 무슨 의
미가 있을까. 다들 나 정도는 아프면서 산다. 염증과 낭
종, 만성피로는 현대인이라면 흔히 겪는 질병 아닌가. 내
이야기는 특별할 것이 없다고 생각했다.

나는 자주 피곤하다. 기력이 없고, 소화가 안 돼 속이
더부룩할 때가 많다. 속이 쓰려 자다가 깨곤 한다. 왼손이
저린다. 누군가 머리를 누르고 있는 것 같은 미약한 통증
이 있다. 눈알이 따끔거리고 압박감이 든다. 생리할 때는
몸이 무너지는 듯하다.

10년 전, 직장 동료들과 생리휴가를 두고 얘기를 나눈 적이 있다. 그때 한 동료가 생리통은 자기 관리를 못해서 생기는 거라며 생리휴가 제도를 반대했다. 그녀의 말에 울컥했다. 하지만 왜 울컥했는지 이유를 몰라 아무 대꾸도 하지 못했다. 그때는 질병이 개인 탓이라는 주장을 의심하지 못했다. 그녀의 말은 오랫동안 마음에 남았다. 나는 자기 관리를 못해서 이런 증상을 달고 사는 걸까.

하지만 일을 마치고 집에 오면 8시. 밥도 먹어야 하고, 집안일도 해야 하고, 씻어야 하고, 잠도 자야 하는데, 도대체 건강관리는 언제 하지? 억울하고 한탄스러워도, 몸을 돌보지 못한 것은 내 탓이라고 생각했다. 나에게 '건강할 권리'가 있는 줄도 몰랐다.

몇 해 전 〈일다〉 시민교실에서 '질병과 함께 춤을: 잘 아프기 위해 우리에게 필요한 몇 가지 것들'이라는 워크숍을 들었다. 그야말로 아플 때 필요한 정보를 얻을 줄 알았다. 오래전이라 제목을 보고 어떤 생각이 들었는지 정확히 기억나진 않지만, 스트레스 관리나 통증 관리 등을 떠올렸던 것 같다.

막상 워크숍에서는 전혀 기대하지 못했던 신선한 이야기를 들을 수 있었다. 워크숍을 진행했던 조한진희는 우리가 흔히 떠올리는 건강한 몸이 신화에 가깝다고 했다. 미디어와 사회가 주입한 신화. 질병과 건강을 새롭게 볼 수 있었다. 동시에 익숙한 현실을 돌아보게 되었다. 어쩌면 나는 이 사회에서 '건강하게 노동하기'가 불가능하다는 사실을 이미 알고 있었는지도 모른다. 곰곰이 생각해보면 정말 그랬다. 주변에 건강한 몸에 가까운 사람은 없다. 장시간 노동으로 30대 초반에 안면마비가 온 친구가 있었다. 자궁근종으로 수술을 받은 친구도 있었다. 천식, 아토피, 디스크, 원인을 알 수 없는 통증. 어디 하나 아프지 않은 사람이 없었다. 그런데도 우리는 건강한 몸이 '정상'이라며, 건강을 향해 달려가야 한다는 압박에 시달리고 있었다.

워크숍에선 아픈 게 내 잘못이 아니라고 했다. 누구나 피할 수 없는 결과라니! 자기 관리를 못 해서 아픈 게 아니다. 출퇴근에 서너 시간을 쓰고 여덟 시간 일한 뒤 녹초가 되어 집에 와 쓰러지는 것은 내 탓이 아니다. 피곤에 절어 겨우 눈을 떠서 다시 출근하는 일상이 당연한 게 아니다. 이 일상을 무리 없이 수행해야만 몸이 정상인 것은 아니다. 정상인 몸은 없다.

절대로 병에 걸려선 안 된다고 생각했다. 그래서 난소에 낭종이 처음 생겼을 때 나 자신을 많이 원망했다. 왜 나에게 이런 일이 생겼는지를 자꾸 생각했다. 사고로 손을 데어 피부 이식을 받아야 했을 때도 마찬가지였다. 사고가 난 상황을 반복해서 돌아보며 우울해했다. 원인을 찾아 탓을 했다. 그리고 대체로 나를 원망했다. 병 때문에 힘든데, 그런 자신을 더 힘들게 했다.

지금은 다르게 본다. 아픈 것은 늙거나 죽는 일만큼 자연스러운 일일지도 모른다고 생각한다. 그렇다고 질병을 무덤덤하게 받아들이는 것은 아니다. 죽음이 두렵듯이 병도 무섭다. 난소에 있는 혹, 그리고 식도염 때문에 여전히 답답하고 힘들다. 하지만 이제는 내 탓을 그만하려고 애쓴다. 나까지 나를 힘들게 할 순 없다.

나의 경험은 오롯이 나만의 것이 아니다

내 질병 서사를 쓰겠노라 마음먹으면서, 이 작업이 세상과 다른 사람에게 영향을 미칠 거라고는 상상도 하지 못했다. 그저 경험을 정리하면서 자신을 성찰하고 치유하는 개인 차원의 작업으로만 여겼다. 누군가 내 글을 읽고 공감하는 것은 특별하고 멋진 일이지만, 독자를 상정하고 글을 쓴다는 게 왠지 주제넘은 일 같았다.

지난날을 돌아보는 일은 단순한 회상이 아니다. 지난 경험을 글로 정리하는 동안 당시에는 생각하지 못했던 것이 떠오른다. 이전에는 당연시한 것에 물음을 던지고, 의심하기도 한다.

질병과 노동에 관한 글을 쓰려고 나의 노동 환경을 돌이켜보다 장거리 출퇴근이 떠올랐다. 10년 넘게 매일 길에서 서너 시간을 쓰면서도, 이전에는 장거리 출퇴근이 건강에 영향을 크게 미쳤을 거라는 생각을 하지 못했다. 늘 잠이 부족했고, 퇴근하고 늦게 들어가니 어쩔 수 없이 늦은 시각에 먹어야 했으며, 운동할 수도, 몸을 돌볼 여유도 없었다. 늘 피곤한 것이 집과 회사가 멀기 때문임을 몸으로 알았지만, 이를 정확히 인식하고 개념화하지는 못했다. 사람들 사이에 껴 있느라 움직일 수도 없는 지하철 안에서, 서울에 살지 못하는 내 처지와 가난을 원망하고 우울해했다.

장거리 출퇴근은 건강에 영향을 미친다. 부인할 수 없는 사실이다. 글을 준비하면서 장거리 출퇴근이 수명을 줄이고, 질병에 걸릴 가능성을 높이고, 삶의 질에 영향을 준다는 연구들을 찾았다. 사실 의심할 필요도 없었다. 내 몸과 마음이 증거이고 사례니까. 게다가 통근 시간이 길수록 소득이 적다는 통계도 있다. 나는 더 이상 장거리 출퇴근의 원인을 가난 탓으로 돌려 스트레스를 받지 않기로 했다. 나와 같은 처지에 있는 사람이 수백만 명에 이른다. 대부분의 고통이 그렇듯이 이는 개인의 문제가 아니다.

아픈 몸으로 일을 하고, 일상을 사는 이야기를 글로 풀어내면서 변한 것은 나 자신이다. 건강하지 못한 몸을 비난하지 않으려 애쓴다. 나의 노동과 건강에 얽힌 사회적 맥락을 읽으려고 한다. 건강해야 한다는 압박이 무엇이고, 이런 압박은 어디에서 비롯되었는지 성찰한다.

질병 서사를 쓰게 되지 않았다면, 치질을 포함한 어떤 질병들을 수치스러워하는 인식에 질문을 던지지 않았을 것이다. 답을 찾기 위해 인터넷에서 글을 찾아 읽었다.

치질 방지를 위한 관리법과 수치심을 극복하고 병원에 가라는 조언은 내가 원하는 답이 아니었다. 나는 치질을 수치스러워할 이유는 없으며 그러니 수치심을 극복할 필요도 없다는 답을 듣고 싶었다. 질병 그리고 아픈 몸을 부끄러워하지 않아도 된다는 말이 너무도 절실함을 깨달았다.

우리 사회에 아픈 몸으로 사는 이들의 이야기가 드러나는 것이 왜 중요할까? 각자 아픈 부위가 다른데, 그런 이야기를 듣는 게 왜 중요할까?

제니퍼 브레아Jennifer Brea는 다큐멘터리 〈언레스트Unrest〉를 통해 만성피로증후군chronic fatigue syndrome, CFS 환자들 이야기를 세상에 드러내고, 이 질병이 의료계와 사회에서 어떻게 소외되었는지 밝혔다. 브레아 자신도 이 질환을 앓고 있다.

만성피로증후군은 전 세계에서 1700만 명이 앓고 있지만, 이 병에 대해 알려진 바가 거의 없고, 치료법도 없다. 〈언레스트〉에서 한 임상 면역학자는 "미국에서는 여전히 이 질병을 들어본 적도 없고, 어떻게 진단 내려야 할지도 모르는 학생들이 의대를 졸업하고 있다"고 말한다. 게다가 의사들이 만성피로증후군을 신체 질환이 아니라 정신적인 문제로 간주해 보호시설에 격리된 환자도 있었다. 뇌를 살펴볼 기기가 등장한 뒤 이 질환은 "히스테리에서 진짜 병이 되었"지만, 여전히 만성피로증후군 연구에는 지원이 거의 없다.

브레아는 온라인을 통해 자신과 같은 병을 앓는 이들과 소통하고, 이들의 모습을 영상에 담았다. 만성피로증후군을 앓는 환자와 가족들은 세계 곳곳에서 밀리언스미싱Millions Missing 시위를 하며, 자신들의 존재를 알리고, 치료법 연구를 위한 보조금을 늘려달라고 요구한다. 일상의 대부분을 침대에서 보내야 하는 이가 세상 밖으로 나선 이유는 "변화가 나타나려면 사람들이 우리를 볼 수 있어야 하"기 때문이다.

아픈 이들의 '내가 여기 있다'는 외침은 건강한 몸을 정상으로 보는 사회의 통념을 아픈 몸 중심으로 바꾸기 위해 내디디는 첫걸음이다. 브레아는 말한다. "아프기 전에 읽었던 책이나 봤던 모든 영화는 아프게 되면 치료법을 찾거나, 찾다가 죽는다고 했어요. 늘 승리하거나 비극으로 끝난다고 했죠. 그러나 그건 제 이야기가 아니에요. 적어도 아직까지는요. (……) 난 낫고 싶고 내일 눈을 뜨면 건강해지고 싶어요. 하지만 제 삶의 모든 것에 감사하고 있어요. 전 아직도 여기 있잖아요. 전 아직도 여기에 있어요."

더 나은 세상을 만드는 일은 생각보다 거창하지 않을지도 모른다. 질병 경험을 드러내는 순간, 사회적으로 해석하고 의미화하는 순간 이는 더 이상 나만의 경험이 아니다. 나의 질병 서사를 꺼내는 것 자체가 잘 아플 수 있는 사회를 만드는 운동의 하나가 될 수 있다고 믿는다. 이 작고 느린 움직임에 함께할 수 있어 벅차다.

내 이야기는 특별하지 않다. 그럼에도 내 이야기를 꺼내는 것은 의미가 있다. 내가 아픈 몸으로 어떻게 지내는지 보여주면, 당신도 이야기를 들려줄 수 있으리라. 내가 아픈 몸에 대해 이야기하는 것만으로도 위안을 받고 있듯이, 당신도 그럴 수 있기를.

2 조현,
그 이상의 삶

박목우

아마 앞으로도 오랫동안 나는 사람들 앞에 서면 떨릴 것이다.

갑자기 숨이 가빠오기도 할 것이며,

환청과 망상으로 고통스러운 표정을 짓고 서 있는

나 자신을 응시하게 될지 모르겠다.

그렇지만 이렇게 불빛들을 환하게 켜는 날들이 이어질 때

어쩌면 나는 '상처 입은 치유자'의 모습이 되어 있을지도 모른다.

내 몸은 오래 외로웠다

오래 아플 때면 몸을 만졌다. 이유랄 것은 없었다. 햇빛이 비치는 오후에, 모두가 잠든 캄캄한 밤에, 문득문득 쓸쓸한 생각이 들 때마다 몸을 만지고 나면 안정제를 복용한 것처럼 통증이 가라앉았다. 그 순간에는 오롯이 내가 되는 느낌이었다. 풍경과 나, 오롯이 둘. 새소리도 길고양이 소리도 바람 소리도 사라진 정적 속의 소통.

나는 조용한 사람이었다. 말소리도 작았고 늘 조심 조심 걸었다. 삶의 한 부분이 무너져 내린다면 생의 전체가 무너져버리는 사람, 나는 그랬다. 몸을 만진다는 것은 내 생의 일부였으나, 나는 늘 수치스러웠다.

어린 시절, 아버지가 도색잡지를 빌려 오셨다. 오빠

와 나는 무슨 책인지도 모르고 재미있게 읽었다. 그리고 그 내용은 때로 내가 몸을 만질 때면 달콤한 자극제가 되어주었다. 하지만 그럴 때마다 부끄러웠다. 나는 자연스러운 삶의 흐름에서 벗어나는 듯했다. 순간적인 쾌락이 있었으나 그때마다 심한 죄책감이 밀려와 마음이 무거웠다. 하지만 죄책감의 정체가 무엇인지 그때는 알지 못했다. 딸딸딸. 어머니는 그런 나를 보며 비웃곤 했다. 나는 무너지지 않기 위해 스무 살 무렵부터 몸 만지는 행위를 그만두기로 했다.

딸딸딸. 스물한 살 조현병이 발병하기 전 나는 여관을 전전하고 있었다. '엄마는 내게 나가 죽으라고 했어. 아빠는 나를 만졌고 오빠는 내 목을 졸랐지.'

폭언과 폭력이 반복되는 집이 싫어 지인들의 집과 여관을 돌아다녔는데 '거길 봐줘. 만져줘'라는 가사가 나오는 음악을 반복해 들으며 절망적으로 몸을 더듬었다. 나를 사랑한다고 스스로 상상하고 위안받았던 한 뮤지션의 노래였다. 혼란스러웠다. 더 이상 몸을 만지지 않겠노라고 다짐한 날들이 아무 의미가 없어졌다.

당시 나는 알 수 없었다. 세상의 기준이 무엇인지. 숨

막히는 일상 속에서 단 하나의 출구였던 자위가 왜 수치가 되어야 하는지. 또한 알 수 없었다. 왜 그는 이런 노래를 부르는지. 그리고 그것이 사랑이라고 말하는지. 그래서 세상 사람들은 어떻게 사랑하는지. 검은 밤과 꿈틀거리는 몸. 상처뿐인 과거와 알 수 없는 미래, 그리고 사랑이 무엇인지 모르는, 터널 속에 갇힌 듯한 내가 할 수 있는 일이라곤 몸부림치는 것뿐. 그것은 갇힌 자가 내지르는 절규였다.

결국 이모 집에 잠시 머무르고 있을 때 어머니가 경찰을 불렀고 정신병원에 강제 입원을 당했다. 가족 안에서 한 치의 양보도 없이 계속되던 폭언과 폭력의 악순환이 한순간 멈추었다. 의사에게 나는 단지 화가 많이 나 있는 상태이며 입원을 해야 할 이유가 없다고 항변했다. 오히려 가족 치료를 받게 되면 나의 분노가 가라앉을 것이라고 했으나 결론은 강제 입원이었다. 정신병원에 입원해 '정신병자'라는 낙인이 새겨지던 순간이었다.

한 달가량의 입원 생활 끝에 퇴원하고 어머니와 함께 산에 올랐다.

"나는 자유다!"

몇 번이고 외쳤지만 실감 나지 않았다. 내가 주장하고 싶은 정의를 주장할 권리를 포기하고 사회의 낙인을 받아들이면서 나 자신을 잃은 듯한 서글픈 느낌이 들었다. 나는 의대에 가겠다며 공부를 시작했다. 하지만 나는 이미 공부를 할 수 있는 사람이 아니었다. 친구들과 어울려 술을 마시고 함께 객기를 부리며 웃다가 우는 생활을 이어가다 학교로 돌아갔다.

몸을 만지지는 않았으나 그때부터 얼굴이 붉어지고 호흡이 가빠왔다. 나는 예전보다 더 말이 없는 사람이 되었다. 한 번도 상처 입지 않은 듯한 이들의 밝은 웃음과 목소리들. 저마다 꿈을 꾸고 관계를 맺으며 아름다워지는 이들. 나는 선망하듯 그 모습들을 가슴에 담았다. 내 삶에서 조금도 벗어나지 못한 채로 굳어 있던 나와 달리 그녀들은 나무 위를 날아다니는 새처럼 자유롭고 행복해 보였다.

그들의 삶을, 꿈을, 관계를 이해할 수 없었으나 나도 다가가고 싶었다. 조금씩 나는 다시 몸부림치고 있었다. 새가 날기 위해 깃이 돋아나듯이. 나도 그 삶에 가닿고 싶었다. 나는 곱고 아름다운 색이고 싶었다. 하지만 당시

의 나를 회고하는 사람들은, 내가 짙은 고동빛 같았다고
했다.

10년 넘게 이어진 망상 속에서

서른 살, 마지막 발병 이후 채식을 시작했다. 도살장에 끌
려가는 소의 눈에 눈물이 가득 찬 모습을 본 후였다. 누
군가를 해치고 싶지 않았다. 그리고 더는 나를 만지지 않
았다. 하지만 마지막 발병의 기억은 독할 정도로 나 자신
을 옭아매는 사슬이 되어 열다섯 해가 넘도록 나를 괴롭
혔다.

그때, 혼자만의 상상 속에서 나는 사랑하는 사람과
관계를 맺었다. 그를 철저히 유린했으며 사랑이라는 이
름을 더럽힐 정도로 불결한 행동을 했다. 자위를 하며 떠
올리던 상상을 다시는 하지 않겠다고 다짐했지만, 사랑
이라는 이름으로 내게 남아 있는 마지막 카드를 다 써버
렸다. 내가 스스로 지키고 꿈꾸었다고 믿었던 지순한 사
랑, 해치지 않는 사랑, 서로에게 구원이 되어주는 사랑을
처참하게 배반한 것이다.

결국 더럽고 수치스런 사랑을 한 나. 사랑하는 사람이 곁에 있다는 환시 속에서 그에게 미움과 증오만을 남겨준 나. 그래서 슬프고 아픈 나. 바로 이것이 너무도 생생한 현실인 나의 망상이었다.

그때부터 혼자 있어도 바람 소리가 들렸다. 비난하고 비웃고 욕을 하는 바람 소리. 여름날 내리는 빗방울 소리도, 아침 새들이 지저귀는 소리도, 누군가의 고운 피아노 반주도, 하나 다를 것 없이 수치스러웠다. 모든 소리들이 고통스러웠다. 그러나 내게는 도움을 요청할 사람이 없었다. 언제까지나 내가 만든 망상들 속에서 고통받고 괴로워할 뿐이었다.

창문을 바라보기가 두려웠다. 망상 속에서 사랑하는 사람은 창문을 통해 이야기했고 나는 창문을 통해 그의 몸을 느꼈다. 창문을 만지면 다시 그의 몸을 만질 수 있을 것 같았다. 더 이상 그런 행위를 용납할 수 없었으므로 나는 동그랗게 몸을 말고 고개를 파묻은 채 잠을 잤다. 창문에서는 "그래, 내 잘못이지"라는 말이 계속 들렸다. 나를 배반한 그의 잘못이 아니라고 내 잘못이라고 말하고 싶은 마음은 곧잘 "내 잘못"과 "네 잘못"을 혼동해서 들었

96
박목우

다. 사랑하는 사람에게 죄책감까지 떠넘기고 싶지 않았으므로, 나는 "내"와 "네" 사이에서 고통스러운 줄다리기를 해야 했다.

한 사람의 삶이 이렇게 단순하게 요약되는 것은 부끄러운 일이다. 어린 시절부터 했던 자위, 도색잡지, 성인기에 했던 더러운 상상, 그리고 조현병. 누군가 내 일생을 기록한다면 이 몇 마디 말로 요약하지 않을까. 내가 어떤 꿈을 꾸었고 어떤 사랑을 하고 싶었으며 무엇을 이겨내고 싶었고 무엇을 견뎌왔는지, 왜 그 모든 일에 좌절하고 절망했는지, 순진하던 꿈들은 어떻게 배반당하고 상처 입었는지. 이 몇 마디 말은 이에 대해 아무 이야기도 해주지 못한다.

민들레야.
부르는 빈 뜰의 목소리가 메입니다. 바람이 불어옵니다.
조그맣게 피어 있던 민들레 꽃잎들이 바람에 흔들립니다.
한 송이 한 송이의 민들레가 빈 뜰을 향해 무어라
중얼거리는 것 같습니다. 빈 뜰은 눈을 감습니다. 바람
속에 사각거리는 풀잎 스치는 소리며 민들레들의 옅은

향기가 흩날리는 것이 아주 미세하게 느껴집니다. 빈
뜰은 그 작은 소리에 가만 귀를 기울이고 있습니다.

스물다섯 무렵, 사랑하는 사람에게 편지를 썼다. 그
와의 연애는 2년간 더 이어졌다. 처음 사랑을 시작할 때
내 마음이 투명하게 전해질 수 있으리라 믿었다. 하지만
사랑을 고백하자 평소 나를 애잔한 눈빛으로 바라보던
그의 태도가 돌변했다.

"너의 모든 메일은 받자마자 곧장 쓰레기통으로 들
어간다" "한 번만 더 전화를 하면 스토커라고 경찰에 고
소하겠다" "너, 창녀니?"

그는 나의 모든 열망을 비웃고 모욕했지만 나는 그
를 사랑했다. 10년 넘게 내 망상 속에서는 오히려 내가 그
를 모욕하고 상처 주었다고 여겼다.

그는 단 한 번도 내게 연락하지 않았다. 운명이라 여
기며 사랑하던 이가 나를 사랑하지 않았다는 사실을 받
아들이기까지 나는 홀로 오랫동안 고통받았다. 내가 그
에게 사랑을 주지 못하고 미움과 증오, 끔찍한 기억을 남
겨주었다고 여겼기 때문이다. 현실을 인정하고 나서야

다시 누군가를 사랑할 수 있었지만, 여전히 소리들은 위협하듯 나를 괴롭혔다. 발병 당시의 상황을 고스란히 재현하는 소리들은 내가 잊고 싶은 과거가 결코 잊히지 않을 거라 말하는 듯했다. "내가 개야?"라는 환청은 개보다도 못한 사랑을 한 나에게 내가 스스로 찍은 낙인이었다.

이제는 내 삶의 방향키를 내가 잡고 싶다

아버지는 조현병을 앓았다. 늘 캄캄한 방 안에서 혼자 잠을 자던 아버지. 자신의 일생을 망쳤다며 그런 아버지를 증오의 눈으로 바라보던 어머니. 그리고 그런 아버지를 빼다 박았다며 어린 나를 앉혀놓고 매일 몰아세우던 어머니. 너무 가슴이 아팠던 나. 학교에서 칭찬받고 들어와 기쁜 마음으로 문을 열면 언제나 아무도 반겨주지 않던 집.

이제는 안다. 그건 이해할 수 있는 일이고 그로 인해 얻게 된 자위라는 습관도 이해할 수 있는 일이라는 것을. 한 문학 강좌에서 생이 남긴 독한 상처를 이겨내는 방법으로 자위를 택하는 여자아이들이 많다는 이야기를 들었다. "이 아이에게 어떤 결핍이 있었는지 그걸 먼저 들어야

겠죠." 자책하고 스스로를 학대하던 일이 내 잘못이기만 한 것이 아니라 다른 이유 때문일 수도 있다는 것을 처음 느꼈다. 아직도 그 말을 가슴속에 품을 때마다 내 삶이 내 것으로 다가오는 듯한 따스함을 느낀다.

문득 몸이 하는 말이 낯설게 느껴질 때가 있다. 지순하기만 하던 날들을 지나, 사랑을 느낄 때 몸의 반응이 나타나는 것이 불안하게 느껴질 때가 있다. 얼마 전 알 수 없는 두려움 속에서 몇 십 년 만에 처음으로 내 몸을 만졌다. 그리고 알았다. 사랑이란 이 순간의 고독도 감싸 안을 수 있어야 한다는 것을. 그래서 말해주었다. 다시는, 다시는 그러지 말자.

이제는 내 삶의 방향키만은 내가 잡고 살고 싶다. 사랑이라는 이름으로 너무 아팠던 날들을 놓아주고 나에게 집중하고 싶다. 내가 무엇을 좋아하는지, 무엇을 하고 싶은지, 어떤 꿈을 꾸는지, 내가 손잡아주고 싶어 하는 사람들은 누구인지 이야기해주고 싶다. 낮은 언덕에 퍼지는 햇살처럼 춥고 가난하게 사랑을 시작하고 싶다. 한 사람을 소유하지는 못해도 그 사람의 가슴속에 무언가를 남겨줄 수 있을 것이다. 그렇게 비어 있는 듯하지만 충만한 사랑으로 내 삶에 불이 밝혀졌으면 좋겠다.

　지켜가야 할 것들의 목록을 적고 간소하고 단순한 생활을 하며 내 삶의 규율을 세워가려 한다. 내 곁에 있는 것은 무엇이든, 생명이든 사물이든 저마다 생을 품고 있음을 잊지 말기, 미약하고 가엽게 숨을 쉬며 오늘도 살아가고 있는 모든 것을 축복하기, 내 주변에 있는 꽃과 나무와 새와 곤충의 이름을 조금 더 잘 기억하기, 마음을 다하고 용기를 내어 누군가에게 사랑한다고 더 자주 말해주기, 좋은 노래를 배우고 때때로 다른 사람들에게도 들려주기, 누군가를 도울 수 있는 순간을 외면하지 말기, 세상의 다정한 것들에 조금 더 가까이 다가가기.

　이 목록들을 충실히 지켜가다 보면 캄캄하기만 하던 내 생의 상처에도 새 살이 돋아 오르지 않을까. 땅을 가르는 지진의 진원지처럼 끊임없이 내 삶에 출현하는 끔찍한 형상들도 그즈음이면 신나게 한바탕 놀 수 있는 친구들로 변해 있지는 않을지.

　먼 길을 돌아 나는 영혼을 발견한 것일까. 투명하게 비추던 빛이 사물에 닿아 꺾일 때 그 사물의 색깔이 번지듯, 나의 무릎이 꺾일 때 내 영혼 속으로 번지는 무엇이 있었을 것이다. 그것은 분명 고통이었으나 그 고통이 키운 삶 또한 존재할 것이다. 그리고 그것은 빛이 반사된 뒤 다른 방향으로 뻗어나가듯이 새로운 삶을 불러올 것이다. 그리고 그것이야말로 사람들이 삶의 시작이라 말하는 것일지 모른다. 이제 여러 개의 빛이 모여 한마음으로 빛의 여울을 만들 때, 나는 그 어룽거리는 한 점 빛이고 싶다. 깊은 어둠 속 바다 위에 길을 내는 부드러운 달빛 속의 아주 작은 하나.

처음 만나는 환대

작은 방. 나의 이야기는 언제나 그곳에서 시작된다. 작은 방을 벗어난 기억이 별로 없고 지금도 환청이나 망상과 같은 증상이 오면 그 방에서 차분히 혼란스러운 감정과 생각들을 정돈해야 하기 때문이다. 작은 방에 갇혀 꼬박 5년을 보냈다. 누군가 감금하진 않았지만 증상이 심각해 방 밖으로 걸음을 떼지 못했다. 그사이에 광우병 쇠고기 수입 반대 집회가 있었고 노무현 대통령이 서거했다. 무엇과도 상관없이 나의 시간은 흘렀고 그사이 나는 제살을 파먹듯 안으로 위축되어갔다. 마지막으로 발병했던 서른에서 서른다섯 살까지의 기억은 거의 지워지고 없다. 하지만 독한 상처는 아직도 남아 있다.

스물일곱. 학교에서 나는 민중가요 동아리의 회장이었으나 학생운동 경력도 없었고, 동아리를 이끌어갈 동력도 없었다. 다만 진심 하나로 동아리를 이끌고 싶었으나 이 또한 백일몽에 불과했다. 회장 임기가 끝나는 날, 회원들은 나를 가운데 놓고 빙 둘러 앉아 자신들이 판단한 대로 나를 비판했다. 하지만 나는 그들 말을 한 마디도 이해할 수 없었다. 그날 믿었던 선배조차도 내가 동아리 회원들에게 보냈던 편지들을 몰래 숨겼다. 그들에게 나는 소통하지 않는 회장이어야 했기 때문이다. 사실 나는 내 안에 있던 사람에 대한 두려움 때문에 누군가에게 살갑게 다가가지 못했을 뿐이다. 나는 누군가 먼저 다가오기를 바랐지만 그것은 바람일 뿐이었다. 부서지기 쉬운 두려움은 비난과 추방의 대상이 되었다. 끔찍했던 시간들이었다. 그렇게 나는 고립되었다.

그 일을 겪고 3년 뒤 '헤어진 남자 친구가 창문을 통해 말한다'는 망상 때문에 집 밖으로 나가지 못했다. 나는 동아리에서 사랑하던 남자 친구와 그의 새 여자 친구가 주도해 잘못된 소문을 퍼뜨리고 나를 소외시키며 서로 웃던 모습에 돌이킬 수 없이 크게 상처 입었다.

방에 갇힌 지 5년이 흘러 나는 훌쩍 '희망버스'를 타게 되었다. 나에게 '노동'은 가장 이해하기 어렵고 다가서기 어려운 영역이었다. 부끄러운 말이지만 내가 벌어서 대학교 등록금을 낸 것은 단 한 학기에 불과했고 나머지 7학기는 부모님의 도움으로 학교를 마쳤기에 노동의 힘겨움을 경험할 기회가 많지 않았다. 무엇이 나를 이끌었는지 모르겠지만 속수무책으로 증상에 밀리지 않고 나 자신과 싸움을 시작하면서 노동에 대해 알고 싶었다. 세상의 가장 낮은 곳에서 삶을 이어가면서도 검질긴 힘으로 끝내 일어서고야 마는 힘에 대해 배우고 싶었다. 그런 힘의 비밀을 알게 된다면 나 역시 회복될 수 있을 것 같았다. 그들을 펄펄 살아 있게 하는 힘이 나와도 연결되어 있을 것만 같았다.

부산 영도, 한진중공업 85호 크레인 앞. 경찰에 둘러싸여 오도 가도 못하고 있을 때 기적처럼 사다리가 내려왔다. 우물쭈물하던 사람들은 사다리를 타고 공장 안으로 진입했고 그곳에서 눈이 맑은 아이들을 그려주는 이동수 화백을 만났다. 또한 혼자 희망버스를 타고 온 사람들을 챙겨주던 이들이 문자를 보낼 때마다 저 위 크레인

에서 손을 흔들어주는 김진숙 지도위원을 만났다. 그곳
에서 마셨던 따듯한 커피의 온기는 아주 오랫동안 나의
손바닥에 남았다.

　모르는 사람들과 만나 대화를 나눴고 웃음이 오갔
다. 5년 만에 처음으로 만난 환대였다. 약 부작용으로
35킬로그램이 넘게 살이 쪘지만 그런 사실이 부끄럽지
않았다. 단지 이들 가운데 하나이고 싶었다. 노동자들이
내려준 사다리를 타고 아주 낯선 곳, 어쩌면 새로운 대지
로 들어선 느낌이었다.

누군가를 살게 하는 힘

삶을 살아낸 사람의 이야기는 아름답다. 이때의 아름다
움이란 한 송이 꽃이 온 힘을 다해 꽃잎을 펼쳤을 때의 그
힘과 같이 삶의 힘겨움과 어려움에 위축되지 않고 온 존
재를 피워낸 이에 대한 존경에 가까운 정서다. 살아 있는
것은 그래서 아름답고 이렇게 피워낸 아름다움은 주변
생명들을 살아가게 한다. 자신뿐 아니라 자기도 모르게
이웃을, 타인을 돌보게 되는 힘, 나는 이것을 노동이라 칭

하고 싶다.

그래서 '노동'이라는 가치, '노동자'라는 존재는 닿고 싶고 닿아야 하는 가치이며 존재였다. '노동'이란 소외와 배제 속에서도 내가 간절히 불렀던 무엇이었다. 노동을 통해, 무참히 짓밟혔던 나의 진심을 이후의 삶으로 증명할 수 있을 거라 생각했다.

이 환대가 나에게는 너무 고맙고 따스했다. 처음 만난 사람들이 나에게 말을 걸고 챙겨주면서, 내가 아무 가치 없는 존재가 아니라는 것, 사람들과 그렇게 가까이 다가설 수 있는 존재라는 것을 확인할 수 있었고 그것이 나를 크레인 앞으로 이끌었다. 어쩌면 삶으로 이끌어준 것이었다.

조금씩 조금씩 더 가까이 가고 싶었다. 그래서 희망버스가 출발할 때면 나 역시 길을 나설 채비를 했고 희망버스의 온라인 네트워크 '비정규직 없는 세상 만들기'에서 쌍용자동차 노동조합과 콜트콜텍 노동조합을 만나게 되었다. 그리고 종탑 투쟁을 벌이던 재능교육 노동조합을 알게 되었다.

쓰기와 살기. 나에게는 두 가지 선택지밖에 없었다.

내가 만난 사람들을 사랑했고, 그들의 삶을 드러내고 싶었고, 속잎처럼 여린 이야기들을 쓰고 싶었다. 그들의 희망과 사랑, 구원에 관한 이야기를 쓰면서 내 희망도 모두 길어 올렸다. 이는 거친 투쟁의 현장에서도 인간됨을 잊지 않는 이들에 대한 동경이고 존경이었다. 그 힘으로 소설을 썼다. 세 편의 소설을 완성했으나 어쩐지 공허했다. 이 한 편의 글이 이들의 삶에 무슨 도움이 될지를 두고 고민하기 시작했다. 나는 다만 잠시 왔다 가는 사람, 투쟁의 방향을 읽어내지도 못하고 구체적인 실천도 없이 그저 자리를 채우는 사람이라는 자괴감이 들었다. 투쟁하는 사람들을 바라보고 있었지만 그들의 삶에 가까이 다가갈 수 없었다. 무엇이 부족한 걸까. 나는 묻고 물었지만 알 수 없었다. 다만 그들 곁에 서 있기. 그것만이 내가 할 수 있는 일이었다.

얼마 전 신천연합병원 의사 백재중이 쓴 책《여기 우리가 있다》를 읽고서야 나는 내 소외의 근원을 알 수 있었다. 해방 후 50년이 지난 1995년에야 우리나라에는 처음으로 정신장애에 관련된 법률이 만들어졌고 2016년에 한 차례 개정이 이루어졌다. 내가 첫 입원을 하던 1997년에는 정신장애인을 칭하는 말이 '정신병자', 하나였다. 사람들은 공공연하게 '청량리 하얀 집(청량리 정신병원을 비하하는 표현)으로 갈래?'와 같은 말로 정신병원과 정신장애인을 폄하했고, 정신장애인 스스로 자신을 정의할 수 있다는 생각은 누구도 하지 않았다. 자신의 권리를 위해 싸우는 존재라고 생각하지도 않았다. 무언가 이상하고 동떨어진 존재, 쉽게 무시하고 배제해도 항의할 수 없는 존재였다. 고립되어 낙인과 몰이해로 인해 고통받으며 파편화된 삶을 사는 것만이 '정신병자'에게 남은 유일한 선택지였다. '정신병자'의 삶은 대중에게 알려진 적이 없었으며 그들은 사회에서 지워진 존재가 되어 세상 밖을 떠돌았다. 이처럼 정신장애에 대한 대중의 이해가 낮을 수밖에 없는 상황이었고 이는 투쟁의 현장에 있던 사람들도 마찬가지였을 것이다.

그들에게 나는 늘 아무 말 없이 어두운 얼굴로 앉아 있다가 가는 사람, 투쟁의 치열함을 이해하지 못하고 관망하고만 있는 사람으로 인식되었을 것이다. 어느 누구와도 따스한 말 한마디 섞은 적이 없었으니 말이다.

좋지 않은 일들이 겹치면서 또다시 증상이 치고 올

라와 힘겹게 투병하던 어느 겨울에 조한진희를 만나게 되었다. 우연히 집으로 가는 방향이 같아 함께 가다가 들른 카페에서 긴 이야기를 나누었다.

"그러니까 목우님은 그분들과 그저 같이 있다는 것만으로 좋았던 거로군요."

아무에게도 나를 이해받지 못한 상태라 노동 현장에 있는 사람들의 이야기를 기록하고 싶다는 열망을 접고 체념하려 했다. 아무리 애를 써도 나는 노동의 가치도 노동조합의 의미도, 그리고 자본에 맞서 싸우며 삶을 일구어가는 이들도 이해하지 못하리라는 절망을 느끼고 있던 때였다. 게다가 미숙했던 인간관계들로 인해 상처가 쌓이면서 다시 환청과 망상이 심해졌다. 마치 붙박이가 된 듯 멈춰진 상태로 낙심만을 거듭하던 외롭고 아픈 날을 보내던 내가 희망버스를 탔을 때처럼 새로이 환대받는 순간이었다. 어느 누구도 이야기해주지 않던 내 안의 진심이 마치 기적처럼 처음 보는 타인의 입술에서 흘러나왔다. 나는 메마른 가슴을 적셔주던 그날의 환대를 아직 기억하고 있다.

나는 희망버스와 조한진희와의 만남에서 '무언가를

존재할 수 있게 해주는 노동'을 보았다. 이는 노동에 대한 새로운 발견이었다. 누군가를 살려내고 그가 사람 역할을 하도록 자리를 마련해주는 일. 당장 경제적 이익을 안겨주지 않는다 해도 땀 흘려 번 돈으로 나와 타인을 먹여 살리듯, 이 일은 누군가를 진정으로 살게 해준다. 굳이 이름 붙이자면 '삶 노동'이라 할 수 있지 않을까.

이 새로운 노동을 체험한 나는 정신장애인의 노동도 새롭게 정의해야 한다고 생각하게 되었다. 그것이 지금껏 배제되고 감금되어 보이지 않던 이들의 삶에 대한 예의라고 믿게 되었다.

근대세계가 이성적 질서로 구조화되면서 이전에 우주적인 지혜를 품고 있다고 받아들여지던 광기는 점차 소외된다. 계산적 이성과 도구적 합리성만이 중시되면서 광기는 이해할 수 없는 것이 되고 이성과 광기 사이에 선명한 선이 그어진다. 광기의 언어는 침묵당하고 광기를 바라보는 이성의 독백만이 힘을 얻게 되는 것이다. 그리하여 광기는 시설화된 형태로 세계에서 추방되고 그 과정에서 정신장애인은 말할 수 없이 참혹한 대우를 받게 된다. 단지 노동에서만 소외되는 것이 아니라 한평생 낙인과 배제로 인해 사회에서 지워진 존재가 된 것이다.

　이제 우리에게 필요한 건 정신장애인의 노동을 정의하는 새로운 창의와 발명이다. 그들에게 삶으로 가는 길을 열어주고 그들이 지역사회의 일원이 되도록 그들을 지원하고 연구하고 함께 어울릴 수 있는 장소를 마련하는 일이다. 그리고 그것은 분명 지금까지 구조화되어 있던 억압적이고 공고하던 세계의 모습을 필연적으로 변화시킬 것이다. 그래서 그것은 어쩌면 많은 이들에게 희망이 되어줄 것이다.

박목우

우리의 두려움과 상처는
누군가에게 빛이 되어줄 것이다

"엄마, 아빠가 나를 그 사람에게 팔아넘길 것 같아."
"목우야, 망상이야!"

"두려워. 정말 그렇겠지, 망상이겠지."
"응. 그래요. 뭐가 두려워요? 우리가 있잖아요."

삶에 대한 근거 없는 두려움과 가족에 대한 불신 등은 종종 망상이 되어 내 삶에 출몰했다. 예전에는 혼자서 끙끙 앓고만 있었을 두려움을 처음으로 다른 사람 앞에서 얘기했을 때 그녀들은 나를 탓하거나 이상하다고 말하지 않았다. 조현병으로 인한 망상이라고 분명하게 말해주며 나를 감싸 안았다. 다른 누구보다 그녀들에게서 속 깊은 다정함을 느꼈다. 이 망상은 이후 다시 내 삶을 침범하지 않았다.

처음 발병했던 스물한 살 이후 스무 해가 넘는 세월을 방황한 뒤 나는 이런 몸으로는 취업도 학업도 할 수 없음을 깨달았다. 더 이상 착한 환자가 되지 않기로 했다. 장애인으로 등록하기로 하고 커밍아웃을 했을 때 콜트콜텍 노조 다큐멘터리를 찍던 이수정 감독이 '한국정신장애인자립생활센터'와 그곳의 정신장애 문학 소모임인 '천둥과번개'를 소개해주었다. 나는 여기서 정신장애가 정체성이 될 수 있다는 것을 처음으로 알았다. 나와 같은 경험을 한 사람들에게는 나의 환청과 망상이 낙인이 아니라 소통의 통로가 되었다. 세상이 쓸모없다고 하는 이것들이 우리에게는 현실임을, 세상은 이 현실을 이해하고 존중해야 한다는 것을 처음으로 깨달았다.

'천둥과번개' 모임에 처음 갔을 때, 이곳이 다른 곳과 조금 다르다는 것을 느꼈다. 내가 만난 정신장애인 당사자는 폐쇄병동 세면실에서 함께 쪼그려 앉아 자욱한 담배연기를 내뿜거나 자기 손목에 플라스틱 조각으로 자해

박목우

를 하던 언니들, 매일 몇 시간씩 증상에 시달리며 하루를 온종일 고통스럽게 보내야만 하는 사람들이었다. 또는 의사와 면담하기 위해 병원 대기석에서 무료하고 무기력한 모습으로 제 차례를 기다리던 사람들이었다. 그러나 여기서 만난 사람들은 달랐다. 어떤 사람은 시인이었고 어떤 사람은 연애를 하고 있었고 어떤 사람은 동료 상담을 하고 있었다. 자신의 삶이 너무나 확고한 사람들을 보며 나는 가슴이 몹시 두근거렸다. 더불어 설명할 수 없는 안도감을 느꼈다. 나와 엇비슷해 보이는 그들은 너무 자연스럽게 서로 잘 융화되어 살아가고 있었다. 특별히 괴로워 보이지도 힘들어 보이지도 않았다. 평온하고 자연스러운 그들 모습에 나는 당황했던 것 같다. 은미는 처음 만난 날, 내 팔짱을 끼며 말했다.

"언니, 오늘 오후 일정도 함께할 거죠?"

나와 비슷한 사람들이 분명한 목소리로 자기 글을 발표할 때, 나는 아득함을 느꼈다. 홀로 몇 편의 글을 끌어안고 절망에 빠져 있던 내가, 일상이 아예 없었던 내가 한순간 쓸쓸하게 되비쳤다. 이곳에 있고 싶었다. 한 해가 마무리되는 세밑의 미약한 햇빛 아래서 나는 희미한 희망을 느꼈다.

조금 다르다는 이 느낌은 이후 구체적인 상황을 통해 나에게 각인되었다. 회의를 하던 도중, 갑자기 민지(가명)가 아무 말도 없이 밖으로 나가버렸다. 무책임하다느니 좀 이상한 것 같다며 수군거렸을 상황이지만 이곳 사람들은 달랐다. 민지에게 달려 나가 "괜찮아" 하며 묻는 것이었다. 어디 아픈 데는 없는지, 정말로 괜찮은지, 묻고 염려해주었다.

사회의 따가운 시선에 지쳐 있던 내게 이곳은 출구와 같았다. 몸 상태와 망상과 환청 등이 자연스럽게 대화의 주제가 되고 소통의 도구가 되어 다정하고 깊은 관계를 맺을 수 있다는 것이 놀라웠다. 늘 너는 이상해서 무슨 소리를 하는지 모르겠다는 말을 듣던 내게 이들이 주는 위로는 감미로웠다.

소통의 부재로 말을 잃고 살아가던 나는 조금씩 말을 트기 시작했다. 나의 아픔에 대해, 상처에 대해 말하기 시작한 것이다. 판단받지 않고 이렇게 내 이야기를 하는 공간에서, 서로 이해하고 따뜻이 품어주며 살아갈 수 있음을 경험하며 나는 서서히 변해갔다.

박목우

내 삶으로 다가오는 작은 발걸음 소리

그즈음 정신장애인 당사자 언론 〈마인드포스트〉가 창간되었다. 나는 내 마음에 싹트고 있는 희망에 대해 말하고 싶었다. 은미가 연극 〈우리 여기 있어요〉의 무대에 올랐다. 때마침 미현이 함민복 시인의 산문집 《눈물은 왜 짠가》를 나에게 선물한 뒤였다. 은미의 연극 공연과 함민복의 산문집 내용을 교차해 감상문을 썼다. 나는 한 땀 한 땀 정성을 들여 글을 채워나갔다.

무언가로 인해 마음이 포근해져 글을 쓰는 경험은 아주 오랜만이었다. 내 삶에 사랑이라는 눈부신 빛이 작은 별처럼 맺히는 순간이었다. "부드러운 것들이 부딪치며 내는, 세상에서 가장 큰, 하늘에서 내려오는 소리, 천둥에 나는 또 얼마나 놀랐던가." 함민복 시인의 말처럼 세상의 연약하고 작디작은 존재들 속에 감추어진 것들이 서로 부딪치고 섞이며 내는 빛과 소리가 사실은 무엇보다 경이로울 수 있음을 깨달았다. 사회학자 존 맥나이트 John Mcknight는 "문제로서 정의된 사람들이 그 문제를 다시 정의할 수 있는 힘을 가질 때, 혁명은 시작된다"고 말했다. 우리 안의 작은 용기와 변화가 이처럼 거대한 움직임을 만들어 낼 수 있다, 나는 여기서부터 시작하고 싶었다.

얼마 지나지 않아, 한밤중에 은오(가명)에게서 카카오톡 메시지가 오기 시작했다. 저녁 7시 즈음부터 새벽 2시까지. 어머니는 왜 그 사람에게 끌려다니냐며 단호하게 끊어버리라고 했다. 늘 같은 질문을 반복하며 이어지는 카카오톡이 부담스러워 미현에게 이야기했다.

"은오 님은 네가 좋은 것 같은데? 아무한테나 그러는 사람이 아니거든."

미현의 이야기에 머리를 한 대 얻어맞은 느낌이었다. 내가 느끼는 불편이 누군가 내 삶으로 아주 작게 발소리를 내며 걸어 들어오는 과정이었다는 생각이 머리를 친 것이다. 내가 아주 큰 실수를 할 뻔했구나. 그 조그만 발소리를 내가 듣지 못하고 있었구나.

나는 미현의 얼굴을 다시 보았다. 사람의 마음을 살피는 솔직하고 진솔한 모습이 좋았다. 그처럼 따스한 이해가 미현의 힘이고 자산이라는 생각이 들었다. 늘 중심이 무엇인지를 아는 사람으로 언제까지나 남아주기를 바라며 나는 그녀의 맑은 눈을 오래 들여다보았다.

이후로 은오와의 카카오톡이 이어졌다. 시간은 밤

11시부터 새벽 1시까지로 조정했다. 나는 자주 약속을 지키지 못했다. 과다수면증이 있어서 그 시간에는 잠을 자야 하기도 했고 새롭게 마주치는 일상이 버거웠다. 은오는 끊임없이 20분에 한 번씩 30분에 한 번씩 한 시간에 한 번씩 메시지를 남겼다. 대단한 이야기는 아니었다. 오늘 어떻게 지냈어요? 오후는 어땠나요? 저녁에는 뭐 했어요? 라는 질문들이었다. 하지만 다음 날 아침 일어나 카카오톡을 열어보면 이런 말들이 빼곡히 올라와 있었다.

목우샘전6시조금후까지강연듣고
서좀이따마트에갔다저녁때와서
피곤한것같아쉬어야겠어요그럼
잘쉬세요~

이렇게 작은 사람이 이렇게 작은 일상을 조용한 걸음걸이로 끝없이 살아가고 있다니 문득 아름다움을 느꼈다. 나의 밤 시간은 혼돈의 시간이거나 환청의 시간이었을 뿐인데, 이 시간에 단정한 자세로 책을 읽거나 성경을 펼치거나 일지를 쓰며 오롯이 깨어 있는 사람이 있다는 것이 나의 혼란스러운 시간들까지 정돈해주는 듯했다.

"현아 잡아라!"

현아는 빠른 걸음으로 도망을 치기 시작했고 나도 질세라 현아를 따라잡아 꼭 안아주었다. 현아는 지금 대한적십자사에 계약직으로 근무하고 있다. 지난여름 우리는 한 단체에서 연극 연습을 함께했다. 예술로 정신장애인에 대한 사회적 공감과 이해를 넓혀가는 단체였다. 사람들의 등을 도닥이고 손을 잡아주고 안아주길 좋아하는 현아, 감정 표현이 서툴고 늘 어색했던 나는 현아를 만나며 타인에게 마음을 전하는 법을 알아가고 있었다.

그녀들은 한 줄기 빛처럼 세상에 내려앉았고 나는 저 깊은 바닥에서 빛이 내려준 끈을 잡고 서서히 세상 밖으로 나아갔다. 잡을 수 없는 텅 빈 빛이지만 이 빛으로 몸을 가볍게 채워 세상을 자유롭게 떠돌 수 있게 하는 힘을 조금씩 배워갔다.

이제 나에게도 일상이 생겼다. 서로 안부를 묻고 늦은 밤에도 이야기를 할 수 있으며 조각 케이크에 아메리카노를 곁들여 마시고 수다를 떨고 헤어질 때면 잘 가라고 포옹할 수 있는 일상. 누군가를 만나서 눈을 맞추며 이야기하기가 한없이 어색했던 나는 이제 사람들의 어깨를 감싸주곤 한다. 때로 우스운 이야기를 하며 웃기도 한다. 내가 그럴 수 있으리라고 단 한 번도 생각해본 적 없는 그런 삶을 사는 것이다. 내가 얼마나 바랐던 삶인가.

얼마 전 단체의 한 남자 회원이 자신은 사람을 사랑하는 법을 잘 모르겠다고 했다. 나는 그 질문 자체가 중요하다고 말했다. 그것이 출발점이지 않을까. 매 순간 나는 아무것도 모르고 처음부터 다시 출발해야 한다는 생각을 하는 것. 그리고 어떤 단어들은 삶에서 중요한 화두가 되어준다. 중심이 되는 질문을 놓치지 않고 살아간다면 그가 어디에 있든 사람들에게 빛이 될 수 있다고 생각한다. 삶이란 결국 그런 질문들을 두고 서로 긴 이야기를 나누는 것은 아닐지.

우리의 두려움과 상처는 이제 막 발화되어, 아직 고립되어 누구와도 소통할 수 없는 상처를 가진 누군가에게로 가서 빛이 되고 손이 되어줄 것이다. 그런 생각을 하면 작은 돌확에 담긴 수련 한 송이를 볼 때처럼 절로 수굿해진다. 봄날 따스하게 내리는 조용한 빗방울 소리를 들을 때처럼 고요한 기척에도 민감해진다.

매일 나 자신을 탓하며 환청과 망상 속에서 헤어나오지 못하던 내가 보인다. 나는 왜 이렇게 잠을 많이 자지? 나는 왜 이렇게 쉽게 잊지? 나는 왜 이렇게 많이 먹지? 나는 왜 이렇게 생각이 안 나지? 누구와도 관계를 맺지 못하고 우울하게, 지난 상처로 몇 십 년 세월을 웅크리며 살았던 내가 보인다.

그러나 밤하늘의 별처럼 무수히 빛나고 있는 이름들이 있다. 나는 지금 삶에 대한 선의와 소박하지만 진솔한 통찰들을 조금씩 배워가고 있다. 누군가의 밤하늘에 별이 되어 뜰 수 있다는 것은 가슴 떨리는 일이다. 우리가 서로에게 별이 되어 서로의 인력으로 이 우주를 운행하고 있다고 생각하면 나의 삶이 소중하게 느껴진다.

마음처럼, 보이지 않는 조용하고 고요한 질서. 나는 그들을 통해 세상으로 나왔고 그들도 아주 긴 여행을 통해 그 자리에서 빛나고 있었음을 안다. 이 작은 기적을 '사랑'이라는 이름 말고 어떤 말로 표현할 수 있을지 모르겠다. 아주 작은 이들이 주는 기적과도 같은 '생'이라는 선물을 말이다.

박목우

어머니와 손을 잡고
이야기를 나누다

그녀는 평범하게 사는 것이 꿈이었다고 했다. 아들딸이 대학에 가고 취직을 해서 집 한 칸을 마련해서 오순도순 모여 사는 것이 꿈이었다고. 그러나 스무 살 무렵 딸은 조현병을 얻었고 아들은 학교에 가지 않고 힙합 댄스를 추기 위해 배낭을 메고 집을 나섰다.

딸이 아팠을 때 그녀는 하루 종일 울었다. 의사가 처방해준 우울증 약은 듣지 않았다. 딸이 퇴원한 후에는 새벽마다 잠자는 딸을 깨워 새벽기도에 가고 산을 올랐다. 그리고 외쳐보라고 했다. 이제 나는 자유라고.

하지만 딸과 그녀는 물과 기름처럼 달랐고 사사건건 부딪혔다. 나는 최선을 다해 살아왔는데 작은 꿈 하나 이루기가 왜 이렇게 힘든 걸까? 알 수 없었다.

나의 어머니 이야기다. 정신장애인 문화예술 단체를 휴직하고 나서 내 생활은 밤낮이 바뀌었고 이상하게도 어머니의 생활 리듬도 바뀌었다. 그래서 새벽이면 우리는 손을 잡고 이런저런 이야기를 했다.

"그때 내가 많이 창피했지. 생활에 찌든 모습을 그대로 다 보이고 말았으니."

어머니가 한참 생활에 치이던 무렵 어머니의 첫사랑이 찾아왔다. 처녀 적에는 마르고 조용하고 깔끔하던 어머니는 그즈음 살이 찌고 자기도 모르게 입이 험해져 있었다. 그는 어머니를 왜 찾아왔는지 말하지 않았고 이후 다시 찾아오지 않았다. 하지만 어머니는 고운 추억으로 간직하고 싶었던 사랑이 그렇게 끝나버린 것을 내내 속상해했다.

그러면서 자신의 인생을 후회했다. 친구의 오빠인 아버지를 만난 것, 남편이 조현병 환자라는 사실, 극심한 가난에 내동댕이쳐졌고 유학 중인 외삼촌이 어머니 혼자서 한국을 떠나오라고 했을 때 가지 않았던 것. 자신까지 떠나버리면 이 아이들의 미래는 없을 거라는 절박함, 어떻게든 아이들을 잘 키워보리라 다짐했던 세월, 그리고 딸의 조현병까지.

어머니는 늘 말씀하신다. 나는 정말 열심히 살았노라고. 그런데 이런 삶이 대가로 주어진다면 나는 너무 억울하다고 말이다. 성실하게 살면 당연히 행복한 미래로 보답받으리라는 기대를 품고 살아왔는데, 가난한 삶은 나아지지 않고, 병을 이겨내리라 생각했던 딸은 여전히 아프다. 자신의 꿈은 신기루에 불과했다는 것이다.

어머니는 각자도생해서 행복한 삶을 이룰 수 있으리라 꿈꿨지만 자신을 가로지르는 관계망을 살피지 못했다. 자신을 불행하게 만들었던 남편의 정신적 고통이 어떻게 그를 세상에서 소외시키고 배제시켰는지, 입시 교육에 내몰린 아들딸이 얼마나 황폐해졌는지, 대학에 들어가고 직장을 구하고 결혼하고 아이를 낳는 삶에 그저 순응하는 것만이 능사는 아니라는 사실을 알지 못했다. 사회관계에서 유리한 입지를 점유하는 것만이 아닌, 그것을 초월한 영역에도 삶이 있다는 것을 깨닫지 못했다.

어머니의 삶은 개발독재 시대 민중의 쓸쓸한 자화상이었을지 모른다. 여자 혼자서, 인맥도 재력도 없는 상태에서 사회생활을 하고 한 가정을 건사하기가 쉬운 일이 아님에도 타고난 성실함으로 그 모두를 책임져왔던 어머니에게 어쩌면 자신의 시대를 성찰하라고 요구하는 것은 무리일 것이다. 아이들을 먹이고 입히고 아픈 남편을 돌보고 직장 생활을 해내는 데 모든 에너지를 쏟아붓고 잠이 너무 쏟아질 때는 화장실 변기 뚜껑 위에 앉아 한참을 졸다 왔다고 한다.

어머니는 내가 대학에 입학하자 부자들이 다니는 학교니까 기죽지 말라고 용돈을 많이 주거나 예쁜 옷을 사주고 병원에 입원했을 때 밥이 입에 안 맞을까 봐 손수 반찬을 해 와서 따뜻하게 한 끼를 먹었다. 그게 어머니가 나를 사랑하는 방식이었다. 하지만 나는 그런 어머니의 사랑을 잘 이해하지 못했다.

대학 입시를 거치며 어머니와 나의 관계는 급격히 나빠졌다. 어머니는 늘 왜 더 성실히 공부하지 못하느냐며 비난했고, 세상에 대해 질문하고 저항하기보다는 침묵하고 순응하는 방법을 가르쳤고, 차갑고 날카로운 말들로 상처를 주었다.

나와 어머니는 요즘 이런 대화를 나누곤 한다.

박목우

"엄마, 좋은 대학에 가고 좋은 직장에 취업을 하고 집을 사고 풍요를 즐기는 일도 중요하지만 그보다 먼저 사회에 관해 공부하고 함께 살아나갈 수 있는 여건을 만들어야 한다는 생각은 안 드세요?"

"각자 주어진 자리에서 자기 일만 열심히 하면 돼. 그러지 않는 사람들이 정치 얘기나 꺼내는 거지. 일하다 보면 정치에 신경 쓸 겨를이 어디 있니?"

한 집에 살면서도 이렇게나 대화가 부족했다는 것을 새삼 느낀다. 요즘 어머니는 지인에게 선물받은 《에리식톤 콤플렉스》를 어렵게 읽어나가고 있다.

"이명박이가 대통령이 되면 나는 경제도 좋아지고 살림살이도 나아질 거라고 생각했어. 이명박이가 좋기만 한 게 아니었네."

늘 자신이 처한 계급적 위치가 아니라 자본가와 권력을 가진 자들의 입장에서 말씀하시곤 하던 어머니는 조금씩 자신의 목소리를 찾아가고 있다. '이것이 옳다'고 일방적으로 강요되던 말들을 무조건적으로 받아들이고 내면화하던 어머니가 자신의 시대를 어렴풋이나마 성찰하고 비판하는 모습을 보인다. 경제성장 신화에 열광하

127

던 예전 모습과는 많이 다르다.

오랜 상처를 버리고

나는 내 속에 있는 상처들을 돌아보게 되었다. 청소년기에 심한 폭언으로 씻을 수 없는 상처를 주었던 어머니, 내게 침을 뱉던 어머니, 그래서 어머니를 사랑하는 마음을 '증오'로 표현할 수밖에 없었던 나의 모습까지.

이제 어머니와 나의 관계는 더 이상 적대적이지 않다. 우리는 서로의 말을 들었고 아픔을 이해했다. 내가 극심한 불행을 감수하면서까지 아이들을 지키고자 했던 어머니의 눈물겨운 분투를 느꼈다면, 어머니는 언젠가부터 아무 말 없이 자기 일에만 몰두하던 딸이 처음으로 자신에게 말을 걸어준다는 기쁨을 느꼈을 것이다.

어머니는 단지 소박한 삶을 꿈꾸었을 뿐인데 왜 우리는 그렇게 상처를 주고받았는지 알 수 없었다. 하지만 이내 수긍하게 되었다. 모를 수밖에 없다는 것을. 세상이 보여주는 안온하고 평화로운 꽃 덤불 너머를 보는 눈이 없다면, 일상의 꽃 덤불을 넘어 자신을 둘러싸고 있는 복잡한 삶의 관계를 보는 눈이 없다면, 우리는 언제까지나 알 수 없는 이유로 서로를 미워하리라는 것을.

오랫동안 상처받은 끝에 어머니의 작고 불행한 삶을 바라볼 수 있게 된 이유는 내가 직접 보았고 감동했던 이들과 보낸 시간 덕분이다. 내게 소통이 무엇인지 알려주었던 사람들. 일상의 꽃 덤불을 넘어 나를 이해하고 공감해주며, 내가 다른 시각으로 일상으로 다가갈 수 있게 해준 사람들. 나는 그들에게 힘을 얻어 일상을 조금 더 따듯하고 숨 쉴 만하게 바꾸는 방법을 알았다. 그들은 오히려 나의 어머니를 잘 이해할 것 같다고 말했다. 그래서 나 역시 어머니를 이전과는 다른 방식으로 보게 되었다. 각자의 시대와 역사를 품은 존재로 마주하게 된 것이다. 어머니가 처한 상황과 제약 속에서 바라보자 오히려 어머니와 나눌 수 있는 이야깃거리가 많이 생겨났다. 어머니의 욕망과 결핍과 사랑과 상실을 더 섬세하게 보게 되었다.

우리는 서로 사랑했으나 서로 사랑하고 있다는 것을 몰랐다. 이제는 안다. 울면서 가족 안에서 사랑을 느끼게 해달라고 기도하던 나의 시간들. 아마 어머니에게도 그런 시간이 있었을 것이다. 그래서 우리는 어떤 임계점에

다다랐다. 어느 순간 어머니가 노래 한 곡을 듣다가 '아, 목우를 사랑해야겠구나'라고 생각했고 이후 많은 것이 바뀌었다. 자주 포옹을 해주고, 비판하지 않고 한참 이야기를 들어주고, 늦은 밤에도 나란히 침상에 누워 손을 잡고 대화를 나눈다. 환청이 들릴 때면 어머니의 손을 잡고 십 몇 분 쉬다 보면 어느새 환청이 사라지는 진귀한 경험도 한다. 우리는 그것을 '10분의 기적'이라고 부른다. 사랑하는 방식이 서로 달랐고 복잡한 가정사가 우리의 마음을 막았을 뿐이라는 것을 요즘 나는 깨닫고 있다.

나는 옛 상처를 버리고 새로운 관계성 안으로 들어간다. 그러면서 세상의 수많은 어머니들을 본다, 소녀들을 본다, 여성들을 본다. 그리고 그들의 삶을 타인의 것으로 남겨두지 않으려 책을 펼치고 글을 쓴다. 그리고 타인의 아픔에 다가갈 수 있게 해준 수많은 새들의 비행을 떠올리며 감사한다. 나는 이제야 겨우 타인의 손을 잡아주려고 떨리는 손을 조심스레 건네는 중이다. 함께 날아오르기 위해.

상처 입은 치유자가 된다는 것

대체로 혼자 있을 때 나는 조용하고 침착하다. 가장 좋아하는 시간은 혼자서 스탠드 불빛에 의지해 책을 읽을 때다. 어둠을 밝혀주는 불빛은 마음을 차분하게 가라앉히고 고요한 가운데 책장 넘어가는 소리는 눈이 쌓일 때처럼 순백의 기쁨을 준다.

하지만 이런 순간은 드물다. 대개는 무슨 일이 있거나, 아니라면 누워 잠을 자는 시간이 더 많기 때문이다. 요컨대 집중할 수 있는 시간은 많지 않고 대부분의 시간은 계획하고 반성하지 않은 채 흘려보낸다.

더 '최악인 경우도 있다. 말을 하다가 말을 잇기 어려울 정도로 호흡이 가빠질 때가 있는데 주변 사람들도 이상하다고 느낄 만큼 증상이 확연하다. 사람들 앞에 나서야 할 때나, 긴 시간 동안 다른 사람과 함께 지낼 때 그렇다. 밤에 잠을 자지 못하고 카페인을 지나치게 많이 섭취했을 때도 같은 증상이 나타난다. 이럴 때는 물을 마시면 도움이 된다. 물을 마시거나 잠시 기분 전환을 하지 않으면 호흡이 가빠져 얼굴이 붉어지고 보기에도 딱한 모습이 되어버린다. 선천적으로 쉽게 불안해하고 긴장하는 편이 아닌가 한다.

정신장애인으로 커밍아웃을 하고 밖에서 생활하는 시간이 늘었다. 혼자였던 시간이 너무 긴 탓일까. 사회생활을 하면서 종종 사람들 앞에 나서야 했고 그때마다 심한 가슴 떨림을 경험했다. 문학회에서도 글을 발표할 때 너무 떨어서 한 친구는 킥킥 웃기도 할 정도였다. 성적인 단어와 접할 때도 비슷한 긴장을 경험한다. 맥락과 관계없이 성적인 무엇을 연상시키는 것을 접하면 극심한 불안감이 엄습한다.

이곳저곳 터져 나온 몸을 가진 밀짚 허수아비처럼 일상에서 이처럼 툭툭, 터져 나오는 불안과 긴장은 당황스럽기만 하다. 어린 시절 나는 나를 잘 통제할 수 있다고 생각했다. 하지만 십대 이후 병을 앓게 되면서 나는 자꾸만 내가 생각하는 나 자신에게서 멀어지는 것만 같다.

얼마 전부터 한 가지 시도를 해보고 있다. 깨어 있는 시간을 늘리고, 책을 읽을 때처럼 그 시간을 단정하게 보내는 것이다. 그리고 그 시간 동안 차분하고 고요한 모습으로 생활하는 나를 상상해본다. 머릿속으로만 평온을 유지하는 것이 아니라 따듯하고 편안하고 안정된 습관을 유지하다 보면 사회생활에서도 온화한 기분을 유지할 수 있지 않을까 하는 기대 때문이다.

어머니의 집안일을 도와드리고 아버지에게 친절한 말을 건네는 따뜻한 사람. 가족과 이웃에게 책임을 다하기 위해 노력하는 사람. 그런 사람이 내가 바라는 나다. 이렇게 생각하니 어쩐지 정신이 맑게 개고 내가 경험하는 불안과 긴장이 다시 엄습해 오지 않을 듯한 기분이 든다. 자긍심이 커질수록 나는 자신의 모습을 조금 더 편안히 받아들일 수 있을 것 같다.

증상은 신체의 작용이기도 하지만 당사자의 생애사와 환경 등 여러 요인이 복합적으로 작용해 일어난다. 《희망의 심장박동》을 쓴 대니얼 피셔Daniel Fisher 박사는 "증상은 내면 깊은 곳에서 나오는 중요한 메시지로, 그 사람과 그 주변 사람들에게 그 사람과 그 환경 사이에 놓인 문제의 본질을 말해주며" 회복은 "사회적 주요 역할에 복귀하고, 자신의 삶에 대한 통제권을 되찾는 것이다"라고 했다. 그리하여 "삶의 목소리를 갖는다는 것은 인생을 살아가고 자신의 인간다움을 경험하는" 것이라고 한다. 목소리를 되찾고 궁극적으로 타인과 연결되기 위해 나는 우선 일상을 의식적으로 통제하며 꾸려나감으로써 불안과 긴장에 대처하고 싶었다. 많은 경우, 불안과 긴장은 나를 출구 없는 환청과 망상으로 이끌었기 때문이다.

《센서티브》라는 책에서는 증상이 일어날 때는 되도록 쉬되 그 증상을 차분히 생각해보고 증상이 지시하는 문제들을 다 해결한 후에 다른 일을 시작하라고 조언하고 있다. 나의 증상은 주로 인간관계에서 생겨나는 편견이나 미움과 분열, 그리고 이에 연루되어 있는 나의 죄의식과 자책에서 비롯된 것이므로 나는 아플 때면 모든 일을 중단하고 집으로 돌아와 조용하고 어둑한 방 안에서 어떻게 난맥에 평온을 불어넣을 수 있을지를 상상한다. 처리하지 못한 감정과 생각을 정돈하고, 잊고 지냈던 위기들에 대처하면서, 마치 알람시계처럼 위험한 상황을 알려주는 증상을 돌보고 숙고하고 지혜를 얻는 것이다.

얼마 전에 지하철에서 아는 사람과 통화를 하는데 심장이 심하게 두근거렸다. 통화를 하기 힘들 정도였는데 우연히 지하철 출입문에 비친 내 모습을 보았다. 고통으로 일그러진 표정이 떠올라 있었다. 순간적으로 이건 내가 아닌데…… 라는 생각이 들었다. 어쩌면 나는 이렇게 비참하지 않은데…… 라는 생각이었는지도 모른다. 이런 자각이 든 순간, 나는 곧 냉정을 되찾았다. 그리고 통화를 성공적으로 끝낼 수 있었다.

짧은 시간 스쳐 지나갔던 감정은 어쩌면 자긍심일지도 모른다. 예전에는 형편없는 자존감을 가지고 있었다. 거의 십여 년간 자고 일어나 먹는 생활을 반복하며 보냈다. 그 시간 동안 나는 나를 학대하고 괴롭혔다. 사람들과 단절된 채 작은 방에서 괴로움만을 곱씹고 있었다.

그러나 자신을 성찰하고 삶을 반추하면서 내가 사람들에게 조금씩 좋은 영향을 미치고 있고, 진실하게 살려는 마음을 알아주는 사람들이 있다는 것을 알게 되었다. 보다 넓은 사회적 안목을 가지고 나를 이끌어주려는 분들을 만나게 되었다. 많은 것들에 감사한다.

그것이 지하철에서 스쳤던 나의 모습, 불행에서 회복되고 있는 내 모습이 아니었을까? 그 모습이 얼마간은 진실했기에 금방 불안을 이겨내고 차분하고 밝아질 수 있었던 것은 아닐까 생각한다.

나는 누군가를 안아줄 수 있는 사람일까?

꿈을 갖는 것은 좋은 일이다. 꿈을 이해하고 격려해주는 사람들을 만나는 것도 좋은 일이다. 혼자만 꾸는 꿈으로는 부족하다. 우리는 꿈을 나눌 수 있는 사람들을 만날 때 진정으로 변화하는 듯하다. 나의 존재가 존재 자체로 받아들여지는 경험을 하면, 내가 더 이상 낯설지 않다. 관계 속에서 어려움을 겪지만 이를 이겨내면서 눈물과 웃음을 동시에 배운다. 따스하고 포근한 마음으로 이해하며 우리는 성장하는 듯하다.

스스로에게 묻는다. '너는 누군가가 결점이 있음에도 그를 안아줄 수 있는 사람이니?'

가장 가까운 가족부터 사랑하고자 한다. 그리고 한

사람 한 사람 깊이 들여다보고 더 친근하게 다가가며 잘 생활해나가리라 다짐해본다. 내가 진실해질수록 주변 사람들도 더 행복해질 것이라는 믿음을 가지고 말이다.

삶의 지혜가 쌓여 누군가 길을 잃고 헤맬 때 도움의 손길을 내밀고 싶다. 도움은 흔하지만 삶을 변화시키는, 진정한 도움은 드물다. 우리는 모두 자신의 관점에서 타인의 이야기를 듣기에 많은 노력과 수고를 기울여야 어떤 말이나 행동도 진정한 도움이 될 수 있다.

내 앞에 있는 불행에 빠진 이의 상황을 살피고 그가 지도를 그려나갈 수 있도록 힘을 보태주는 것, 그래서 오늘도 나는 늦은 밤, 스탠드를 밝힌다. 그리고 그곳에는 내가 바라는 내가 온전히 숨 쉬고 있다. 배려하고 차분히 돌보아주며 손을 맞잡아주는 내가.

욕심에 눈이 어두워질 때마다 어두운 밤을 밝혀주는 등불을 생각하고 그 등불이 밝히는 길을 걸어 집으로 돌아가는 이의 발걸음을 생각한다. 사박사박. 조용한 소리. 드러나지 않게 누군가의 밤길을 밝히는 작고 소박한 등불을 그릴 때, 나는 진정한 내가 된다. 그리고 증상이 더 이상 두렵지 않다.

아마 앞으로도 오랫동안 나는 사람들 앞에 서면 떨릴 것이다. 갑자기 숨이 가빠오기도 할 것이며, 환청과 망상으로 고통스러운 표정을 짓고 서 있는 나 자신을 응시하게 될지 모르겠다. 그렇지만 이렇게 불빛들을 환하게 켜는 날들이 이어질 때 어쩌면 나는 '상처 입은 치유자'의 모습이 되어 있을지도 모른다.

언젠가 미국의 대공황 시기에도 영향을 받지 않고 부유하게 살아가는 권력층을 그린 영화를 본 적이 있다. 삶에서 불행을 원하는 사람은 없을 것이다. 하지만 나는 대부분의 사람들이 처해 있는 '대공황'이라는 고난의 터전에서 가진 재산 덕분에 용케 어려움을 겪지 않는 것에 안도하는 사람이길 원하지 않는다. 물론 삶은 오히려 더 위태롭고 고달파질 수 있다. 그럼에도 나는 오히려 위기를 함께 견디며 희망을 일구어가는 사람이기를 원한다. 나의 장애가 나를 황무지에 있는 사람이 되게 했다면, 나의 꿈은 이 황무지를 곁에 있는 사람들과 함께 나무들이 울창하고 샘이 흐르고 우물이 고이며 새소리와 아이들의 웃음소리가 들리는 곳으로 만드는 것이다. 비참 속에 살며 비참 속에서 꾸는 꿈들을 함께 그려가고 싶은 것이다.

삶은 매 순간 절망과 두려움을 이기고 그것을 희망과 긍지로 바꾸어나가는 과정이다. 밤새워 독서와 탐색을 이어간 시간이 지나면 어두운 밤을 이기고 새벽을 맞이하듯 아침을 시작할 수 있을 것이다. 오늘도 나는 긴 밤의 꿈을 지나 땀 흘려 노동하는 사람들의 한낮의 희망이 되기 위해 꿈의 하늘 저 멀리에 있는 별을 따보려 손을 높이 든다.

낮고 단단한 어깨를 내주다

글을 쓰려고 인터뷰 녹취를 풀다 보면 어느 순간 누군가의 말이 별처럼 떠오른다. 주의 깊게 듣는 것 행위는 한 사람의 내면으로 들어가기 위한 통로다. 녹취 현장에 있었던 사람이라면 한 글자 한 글자에 사람들이 지었던 표정과 한숨, 웃음과 미소가 담긴다는 것을 이해할 것이다. 그런 것들은 시간이 지나면 흐릿해지기도 하지만, 어떤 표정은 내내 가슴속에 남아 가슴을 아리게 하고 아주 오래가는 위로를 전해주기도 한다.

이전까지 내게는 삶이라고 할 만한 것이 없었다. 늘 변두리를 떠돌며 증상과 더불어 겨우 살아갔을 뿐이다. 나를 기억해주는 사람도, 이야기를 들어줄 사람도, 관심을 가져주는 사람도 없었다. 내가 하는 말은 모두 허공에 흩어졌다. 모든 환청과 망상을 묻어둔 채 침묵하는 사람에게 세상은 무섭도록 차가웠다.

하지만 다시 생각해본다. 세상에서 자주 미끄러진 이유는 내가 나로 살지 못했기 때문이 아닐까. 가난했으나 가난하지 않은 척, 조현병을 앓고 있으나 아닌 척했다. 항상 나 이외의 다른 척도에 맞추어 내 것이 아닌 삶을 살고 있었기 때문은 아닌지. 그래서 현실을 있는 그대로 받아들이지 못하고 정상성의 규범에 맞추기 위해 끝없이 자신을 부인하고 살아온 것은 아니었을까.

나 자신의 이야기가 없는 삶은 끝내 닿을 수 없는 곳을 향해 가다가 금세라도 바스러질 것 같은 위태로운 삶이었다. 세상의 규준을 벗어나려는 의지만이 줄 수 있는 삶을 향한 용기도 없고 그래서 무엇이 진정 사람을 자유롭게 하는지 성찰하지 못했다. 끝없이 자신과 타인을 비교하며 내가 가진 것에 우쭐해하거나, 내가 가지지 못한 것을 가진 사람들을 질시했을 뿐이다.

그러다 어느 순간부터 정신적 고통을 안고 살아가는 삶을 조금씩 성찰하기 시작했다. 의료적 관점에서는 정

141

신장애가 손상이고 치료해야 할 이상 증상이고 문제라는 식으로 틀 지워져 있다. 꼭 의사가 아니더라도 사람들은 배가 아파서 화장실에 간다고 하면 당연하게 생각하지만 정신장애인 당사자가 환청이 들려, 혹은 이상한 생각이 들어, 라고 말하면 낙인을 찍고 이해할 수 없는 사람으로 취급하기 십상이다. 똑같이 아픔을 표현했을 뿐인데도 정신장애에 대한 편견은 공고하다.

내 삶에 분명히 있지만 없는 것으로 여긴 것 중 하나가 질병이었다. 그것은 쉽게 이야기될 수 없는 것이었다. 사회적 자원이 취약한 사람에게 '정신병자'라는 낙인은 무서운 것이었고 자칫 소외와 고립으로 이어질 수 있다. 한번 정신병자라는 이야기가 돌면 맨 먼저 슬금슬금 자신을 피하는 사람들을 만나게 된다. 등 뒤에서 '저 여자 원래 정신병자래'라며 수군거리는 소리를 들어야 하고, 이상한 생각과 행동을 하기 때문에 관계 맺기에 취약하며 집에서 병이나 고쳐야 할 정신병자라서 일처리가 미숙하다는 평가를 받는다. 이런 이상한 사람이 곁에 있는 것을 비정신장애인들은 참아내질 못하는 것이다. 그래서 공동체와 사회에서 침묵당한 채 영영 소외되고 고립되어

버리는 것이다. 그것이 혐오다.

그래서일까. 나는 자신이 이해받으리라는 생각은 해본 적이 없었다. 다정하게 다가와주는 사람이 있어도 왠지 부담감이 느껴져 밀어내고는 했다. 언제 웃어야 할지 언제 울어야 할지도 모르는 꽉 막힌 삶에 틀어박혀 있었다.

고립과 고독이 주는 독한 상처에 서서히 질식되는 듯했을 때, 질병 세계로 안내하는 초대장을 받았다. 이 세계에서는 나의 질병을 권리라고 말했다. 질병은 이야기할 가치가 있으며 이는 질병을 가진 사람의 책임이라고까지 했다. 어리둥절했다. 아무런 가치가 없이 쓰레기처럼 버려지던 삶에 한 줄기 빛이 스며들었다. 나의 이야기가 다른 누군가에게 전해져 그것이 그/그녀에게 힘이 되고 용기가 된다는 것은 한 번도 상상해보지 못한 일이기 때문이었다.

그러면서 나는 다른 질병을 가진 사람들의 이야기를 듣게 되었다. 2주마다 하는 모임에서는 항상 먹을 것이 있었고 음식을 나누면서 나누는 대화는 사뭇 진지했다. 온몸의 힘을 그러모아 연극 워크숍을 했고 조금씩 풀

조현, 그 이상의 삶

려나기 시작한 말들은 활자가 되었다. 모임이 끝날 때마다 내게는 작은 도꼬마리(국화과의 한해살이 풀) 하나가 붙어 왔고 나는 진심을 다해 그 작은 풀씨가 싹을 틔울 비옥한 토지가 되고 싶었다.

붙잡아주고 싶었나 보다. 질병으로 인해 불안하게 흔들리는 삶을, 아무도 모르는 곳에서 혼자 삼켜야 했을 울음들을, 아마도 붙잡고 쓰러지지 말라고 말해주고 싶었나 보다. 이제 나는, 모임의 누군가 말해주었던 것처럼 "간절히 만나고 싶다고 바라던 사람들을 만나고 있"으니. 세상의 척도쯤은 웃음으로 넘겨버리고 매순간 자신의 질병이 주는 곤고함을 이겨내며 소중한 가치에 헌신하는 바로 이 사람들을 사랑하며 그들을 위해 작은 일이라도 하면 되는 거였다. 무슨 의미인지 알지도 못하면서 나는 곁이 되고 있었다. 단지 나의 이야기와 다른 이의 이야기가 만나기 시작한 것만으로.

그러다 어느 비 내리는 여름 오후에 나는 처음으로 가족이 아닌 타인에게 저린 그리움을 느꼈다. 질병춤 모임을 시작한 지 6개월쯤 지난 어느 날 모임을 갔는데 마치 이번 생에서는 다시 볼 수 없는 사람들의 모습, 아니라면 지난 생에 내가 너무나 사랑하던 사람들의 모습을 보는 듯한 강렬한 감정이 몰려온 것이다.

나의 간절한 눈빛을 읽은 것일까. 알 수 없는 그리움에 흔들리는 눈빛으로 바라보았을 때 모르의 눈에서 흐르는 눈물을 나는 보았다. 더 이상 내가 혼자만의 공허한 망상 속에서 헤맬 필요가 없다는 뜻이었다. 그리운 사람이 바로 내 곁에 있다는 뜻이었다. 나는 그렇게 어떤 현실에 기입된 것인지 모른다. 누군가의 이웃이 되었는지 모른다. 어떤 빛에 힘입어서.

질병춤 모임에서는 내가 가진 장애뿐 아니라 다른 몸의 경험을 나누며, 함께 음료를 마시고, 부침개를 먹고, 발병 과정과 삶에 대해 말하고, 발표하지 않는 연극을 하고, 글을 썼다. 연극 워크숍 때 '친해지고 싶다'고 조심스럽게 꺼낸 말에, 피식 웃으며 손 내밀어주던 모르의 미소가 아직도 생각난다. 늘 넌지시 지켜볼 수밖에 없었던, 파스가 붙어 있는 혜정의 아픈 팔목이, 다리아와 함께 버스 정거장까지 걸어가던 짧고 다정하던 한때가 생각난다.

질병 세계의 언어, 우리가 잃어버렸던 이야기들

질병춤 모임에서 우리가 나누는 것은 '정상성의 신화'로 인해 지워진 몸의 경험이다. 다양한 질병을 겪어내는 사람들 이야기를 들으며 나는 치열한 분투와 생에의 의지를 본다. 이 사회 곳곳에서 질병을 관통하며 힘겨운 삶을 살아낸 그/그녀들의 이야기를 들으며 나의 세계는 눈물처럼 쓰라리게 확장되었다.

몸과 생이 주는 너무 극심한 고통에 기억의 일부를 잃어버린 이야기를 들으며 나는 내 것인 듯하면서도 그녀의 것인 고통을 느꼈다. 나는 나의 좁은 세계 속에서 종종 기억을 잃었으나 그녀는 세상에 대한 간절한 사랑을 품은 사람이었고 더 좋은 세상을 만들고 싶었으므로 오히려 상처받았다. 잃어버린 기억의 군데군데 열린 틈으로 통증과 고통이 들리고 신음 소리가 느껴졌다. 그제야 나는 그녀가 잘 웃는 사람임을 상기해냈고 웃음 뒤에 감추어진 아픔을 목격했기에 가슴이 아팠다.

어쩌면 내가 동경하고 사랑하는 이들도 그녀와 같은 격렬한 아픔을 가지고 있었을 것이다. 그럼에도 나를 향해 웃어주었다고 생각하니 내가 만난 사람들의 웃음

박목우

이 돌연 우물처럼 깊어졌다. 흘렸을 눈물과 불면으로 새운 밤의 고통이 내 것인 듯 어딘가가 욱신거렸다. 그런 눈물과 이해 속에서 우리는 사회의 만연한 건강 담론에 가려져 보이지 않던 질병 세계의 언어를 처음으로 만들어 갔다.

얇은 습자지를 대고 글자들을 베껴나갔던 어린 시절의 경험처럼, 아프고 혼란스러웠던 것들을 투명한 이해의 눈빛을 글자 삼아 덧대어 써내려가는 듯한 안도감을 느꼈다. "숨만 쉬어도 괜찮아"라는 말을 해주는 이도 있었다. 나는 속도가 느린 사람이었고 세상에서는 그 느림을 이해받지 못했다. 친해지고 허물없는 사이가 되기까지 많은 시간이 필요한 사람이었고 무언가를 읽거나 배우는 데도 그랬다. 세상은 무섭도록 빨리 흘러갔고 세상은 늘 그런 나의 속도를 비난했다. 나의 몸을 설명할 언어, 나의 이야기를 들어줄 누군가를 갖기 전, 나 역시 나 자신을 비난하는 데 익숙해져 있었다. 열패감에 젖어 무엇 하나 시작해볼 엄두를 내지 못하고 있었다.

그러나 질병춤 모임에서 글이 늦어도, 글이 부족해도, 있는 그대로의 내가 나를 표현할 수 있을 때까지 기다려주는 사람들을 만나며, 나의 말이 누군가의 귀에 닿고 있다는 것을 구체적으로 실감하게 되었다. 그리고 때로 이들도 느린 속도로 나아갈 수밖에 없다는 것을 알게 되면서 나는 나 자신을 비난하는 일을 멈추었다. 서로의 약함을 공유하면서 우리는 더 따듯이 결속되고 있었다.

더 많은 사람이 자신의 아픔과 불편에 대해 말할 수 있는 용기를 가지기를 바란다. 지금도 질병에 대한 글을 써내려가면서 또 다른 누군가의 손을 잡아주고 있는 느낌이다. 질병 세계라는 공동체 안에 담길 수 있는 빗금처럼 반짝이는 관계들을 본다는 것은 눈물겨울 정도로 아름다운 일이라고 이제는 말할 수 있기 때문이다. 당신의 약함이 힘이 될 수 있다고 어깨를 도닥여줄 수 있기 때문이다.

주의 깊게 듣기. 내가 할 수 있는 일은 그것이 전부였다. 그러나 그 안에서 생성되는 감각은 놀라웠다. 죽음과 고통에 대한 생각을 나누면서 우리는 서로의 기억 속으로 들어가 보았다. 다른 사람에게는 가려져 있는 세계 속으로. 한 마디 한 마디 그녀의 말을 듣고 이해하면서 소외와 통증을 공유했다. 완강한 타인이 아니라 부드러운 살로 이루어진 사람의 핏자국과 발소리와 절규를 보고 들은 것이다. 언어가 될 수 없었던 소외와 고통의 감정들에 조금씩 힘이 차오르는 것을 느꼈다. 우리는 이야기를 통해 하나로 묶인 공동체라는 위로가 전해졌다. 마치 한 권의 책처럼.

"저는 요즘 선생님들의 삶이 더 궁금해졌어요. 하지만 때로 제가 아무것도 이해하지 못하고 있다는 생각이 들기도 해요." "우리는 아무에게도 이야기하지 않는 이야기를 나눈 사이잖아요. 서로의 그 내밀함 말고 더 필요한 게 있을까요?"

타인에게 감춰진 부분을 먼저 본 사람들. 어쩌면 이들을 더 알고 싶다는 나의 바람은 그런 소통이 준 갈증 때문이었을 것이다. 누군가의 삶 속으로 깊이 들어가고 싶다는 열망은 내게 몹시 낯선 감각이었다. 질병을 이야기한다는 것이 무엇이기에 이들의 존재가 아침 볕이 땅 위를 비추듯 돌올하게 드러났던 것일까. 어쩌면 나는 이들의 이야기에서 우리 모두의 이야기이면서도 각자의 이야기일 수밖에 없는 삶 자체를 대면하고 있던 것은 아니었을까.

다른 소통 과정과는 정반대로 우리에게는 각자 고여 있는 일상이 있었고 각자 삶에 충실한 동안 그 일상을 다 나누지는 못했다. 그처럼 알 수 없는 심연이 있었기에 우리의 현재를 몹시도 나누고 싶었다. 책을 읽고 모임을 하고 연극 워크숍을 하고 합평을 하는 동안에 변화를 겪는 이들이 많았다. 하지만 짧은 시간 동안 그런 삶을 다 공유할 수는 없었고 그럼에도 서로 안부 묻기를 잊지 않았다. 나 역시 굴곡 많은 시간을 거쳤고 그때마다 돌아가서 해야 할 일이 있는 사람처럼 이곳에서 글을 썼다. 그리고 우리의 그런 마음은 늘 어떤 염원을 담아 높이 걸어둔 솟대처럼 부서지기 쉬운 서로의 삶을 지켜주었다.

이 시간을 거치며 나는 가면을 내려놓았다. 언제부터인지 모르게 삶의 시계가 째깍거리기 시작했고 이제는 나 자신으로 존재하는 것이 편안하고 평온해졌다. 내 이야기를 들어준 이들, 그녀들로 인해 삶은 온화한 봄이 되었다. 우리가 겪은 시간이 그녀들에게는 어떤 의미가 있을까. 적어도 나의 시간은 이렇게 창조되기 시작했고, 우리는 서로의 시간을 창조해냈다고 믿는다. 이 작은 만남에 최선을 다하면서 나는 다른 이에게 귀 기울이는 법을 배웠다. 우리의 어느 한 부분이 세계로 열린 문 하나를 영원히 가지게 되었다고, 그래서 질문할 수 있는 힘과 함께 연대할 수 있는 낮고 단단한 어깨를 나누어 가졌다고, 믿는다.

3 정상이라 말하는 몸과 '다른 몸'

나는 통증에서 완전히 해방되는 것은 생각하지 않는다.

그래서 조금이라도 덜 아프게 살 방법을 찾으려 한다.

지금도 밀려오는 통증과 타협점을 찾아

잘 견디는 일상을 유지하려 노력 중이다.

변형된 몸에서 오는 통증을 탓하다가

'탓'의 굴레에 빠져 무기력하게 살다 가고 싶진 않아서다.

아직은 견뎌낼 수 있는 통증. 난 오늘도 그렇게 '통증맞이' 중이다.

질병과 장애 사이

나는 근육 관련 질병이 있다. 희귀 난치성 질환인 '척수성근위축증'으로, 근육이 약해져 운동 발달이 결여돼 나이를 먹을수록 상태가 나빠지는 진행형 질병이다. 질병은 장애를 동반했다. 나이가 들면서 장애도 점차 심화되었다. 현재 나는 중증 장애 여성이다. 나는 서른이 넘어서야 병 이름을 알게 되었고 나의 장애가 질병 때문에 생겼음을 알게 되었다. 그전까지는 병명이 '원인을 알 수 없는 장애'였다.

나는 첫돌이 지나서도 걷지 못했다. 엄마는 좀 늦으려니 하며 내 걸음마를 기다렸다. 벽을 붙잡고 일어서긴 했으나 다리는 힘없이 후들거렸고 자세는 한쪽으로 기울어 절뚝이며 몇 걸음 걷고 풀썩 주저앉았다. 날이 가도 걸음걸이나 자세는 나아지지 않았다. 엄마는 결국 두 돌이 되기 전 나를 병원에 데리고 갔다.

동네 병원에서는 '아이에게 이상이 없다'라고 했다. 좀 더 큰 병원을 가니 '특별한 이상은 없어 보이고 왜 그런지는 잘 모르겠다'라고 말했다. 한의원에 가니 '허약해서 그런 거 같다'라며 침술과 한약을 처방해줬다. 침을 본 어린아이는 자지러지는 울음으로 통증과 무서움을 표현하며 거부했다고 한다. 그러나 강제로 침을 맞을 수밖에 없었다. 그래야 병이 나아 튼튼해져서 걸을 수 있다고 했을 테니까. 한의원에서는 몸이 허약한 이들에게 처방하는 약 세 첩이면 나을 거라고 했단다. 하지만 별 차도가 없자 결국 서울에 있는 큰 병원으로 갔다.

의사는 나를 의자에 앉히고 무릎의 '무조건반사'를 보려고 봉으로 톡톡 쳤다고 한다. 앉은 사람의 무릎을 톡톡 치면 다리가 저절로 올라와야 하는데 반응이 없었다. 무릎반사 반응이 없자 정밀 검사에 들어갔다. 의사는 엄마에게 임신 중에 뭘 먹었는지, 가족력이 있는지를 물었다. 엄마는 딱히 별다른 음식은 먹지 않았다 했고 유전자 검사를 해도 나온 게 없었단다. '원인 모를 사지 무력'이란 의사의 진단을 들었을 뿐이라고 한다.

엄마는 또 다른 병원을 계속 찾아다녔다. 같은 검사를 또 받고 같은 말을 또 듣고를 반복했다. 나는 큰 병원에 가서 새로운 검사를 받았다. 마취하지 않고 등을 구부려 옆으로 누운 상태에서 바늘을 허리 부위의 척추뼈 사이로 찌르는 척수 검사였다. 검사받는 동안 나는 병원이 떠나가라 울었다고 한다. 몸에 주삿바늘이 들어가는 고통은 생각만 해도 몸서리쳐진다. 다행히 이 무서운 검사는 내 기억에 남아 있지 않다. 척수 검사를 해도 왜 걷지 못하는지 원인을 찾을 수 없었다. 또 다른 병원을 찾아다녔지만 같은 말만 되풀이할 뿐이었다.

여러 병원에서 처방해준 양약도 한약과 마찬가지로 별 효과가 없었다. 틈틈이 용하다는 한의원과 절에 다니며 침도 맞고 한약을 달여 먹었지만, 전혀 나아지지 않았다. 일곱 살이 돼서야 나의 병원행이 멈추었다. 전국의 병원에 다녔지만 '원인 모를 사지 무력'이란 병명 아닌 병명을 들었을 뿐이다.

그때까지 양약, 한약, 민간요법 등을 몰아서 접했다.

기억에 남는 약이 몇 가지 있는데, 양약인 발포약은 500원짜리 동전만 한 크기에 주황색과 연두색 두 종류였다. 맛은 사이다와 비슷했으나 역했다. 컵에 물을 붓고 약을 담그는 순간 기포가 생기며 녹는데 나는 그 소리를 들으면 눈물을 글썽일 정도로 거부감이 심했다. 정말 먹기 싫었다. 하지만 안 먹으면 혼나니까 억지로 먹었고, 가끔 토하기도 했다. 그래서 지금도 사이다는 못 마신다. 투명한 액체에서 보글보글 올라오는 사이다 기포를 볼 때마다 발포약이 생각난다. 컵에 담긴 사이다를 보거나 냄새만 맡아도 속이 울렁거릴 때가 있다.

한약 한 사발을 마시는 것도 고역이었다. 헛구역질하며 울며 마셨다. 한약을 집에서 달여 먹던 시절이라 마당에 놓인 한지 덮인 약탕기를 보면 가슴이 덜컥 내려앉았다. 하얀 사발에 담긴 검정 한약은 색깔만으로도 두려움을 주었다. 지독하게 쓰고 역한 맛을 색으로 말하는 것처럼 느껴졌다. 그래서 나는 쌍화차를 못 마신다. 보기만 해도, 냄새만 맡아도 한약이 생각나기 때문이다.

엄마는 생미역을 삶아서 다리를 찜질하면 낫는다는 민간요법을 듣고는 나에게 적용했다. 그래서 몇 년 동안 저녁을 먹은 뒤 뜨거운 미역에 다리를 감고 있어야 했다. 팔팔 끓여진 생미역은 비린내가 강했다. 냄새만으로도 충분히 고약한 뜨거운 미역을 비닐과 수건으로 싸서 다리에 감았다. 미역이 식을 때까지 찜질했는데, 고약한 냄새와 데일 듯한 열기로 고통스러웠다. 꽁꽁 싸맨 미역은 쉬이 식지 않았다. 다리가 익어가는 듯한 고통이 점점 덜해질 때쯤 미역은 나를 풀어줬다. 벌겋게 익은 다리는 내일의 미역 찜질을 두렵게 할 뿐 증상은 전혀 나아지지 않았다. 그렇게 어린 시절 받았던 각종 진료와 치료는 '원인 불명 사지 무력'을 낫게 하지 못했다.

병명을 알고 나서 달라진 것들

초등학생 시절 몸이 성장하면서 장애도 서서히 진행됐다. 양팔을 올리거나 나란히 하면 왼팔이 슬금슬금 어깨 아래로 내려갔다. 오른팔로 붙잡아야 같은 높이에서 버틸 수 있었다. 다리를 뻗으면 무릎이 다 펴지지 않았고 척추는 휘어 굽어진 등이 눈에 띌 정도였다.

몸의 힘이 떨어지고 구축拘縮, 즉 근육이나 힘줄이 수

축되어 운동이 제한되는 상태가 되고 있었지만, 병원엔 가지 않았다. 어차피 '원인 불명'이라는 진단을 받았기 때문이다. 시간이 갈수록 점점 구축은 심해지고 몸은 휘어지고 가늘어졌다.

스무 살 무렵 팔을 어깨 위로 올리기는 이제 불가능해졌다. 다리는 'ㄱ' 자로 변형됐고, 척추는 휘면서 상체가 오른쪽으로 돌아가 등은 디ㅁ 자가 되었다. 몸은 점점 변해가는데 왜 그런지를 모르니 답답했고 불안했다. 하지만 병원을 가봐야 명쾌한 답은 들을 수 없을 거라고 지레짐작해버렸다.

30대 초, 활동지원서비스 신청 서류를 준비하며 병원을 찾았다. 의사에게 장애를 설명하니 근육병 같다고 전문 병원에서 검사를 받아보라며 소견서를 써줬다. 어쩌면 병명을 알 수 있을지 모른단 생각에 마지막으로 검사를 받아보기로 했다.

입원해서 피검사를 비롯한 기본 검사와 유전자 검사, 근전도 검사, 근육 조직검사 등을 받았다. 검사 결과를 기다리며 '이번에도 원인 불명이라면 생돈 날리는데 괜한 짓은 아닐까'라는 생각이 들어 불안했다.

모르

담당 의사를 비롯한 여러 의사가 오더니 결과를 알려줬다. 병명은 '척수성근위축증'. 근육병 중의 하나고 희귀 난치성 질환이라 산정특례가 적용되어 진료비 혜택이 있는 질병이었다.

처음 듣는 병명이었다. 나는 이 낯선 병명을 외우려고 몇 번이고 되뇌었다. 병명을 듣는 순간 또 돈만 날리고 퇴원하지 않게 돼서 적이 마음이 놓였다. 내가 원해서 한 검사라 비용 부담이 컸기 때문이다. 30여 년이 흘러 병명을 알 수 있게 된 이유는 근육 조직검사 때문이 아닐까 싶다. 어린 시절엔 받지 못했던 검사였다. 얼른 집에 가서 인터넷을 검색해 병의 예후를 알고 싶었다. 그동안 장애가 진행돼도 원인을 알 수 없어 답답했다. 내가 앓는 질병이 어떤 장애로 진행돼 죽음을 맞이할지도 궁금했다.

내가 삶에서 처음 마주한 것은 '질병'이 아니라 '장애'였다. 사람들은 모두 제 몸을 움직여 일어서고 걷는데 나는 그게 되지 않았다. 다른 사람들처럼 걷고 서는 일은 내가 노력한다고 되는 게 아니었다. '나는 왜 안 되는가?'라는 질문에 돌아오는 답은 늘 원인을 알 수 없는 장애였다. 하지만 내게는 선천적으로 걸을 수 없는 질병이 있었다.

내 노력과 의지 부족 탓이 아니라 선천적으로 걸을 수 없는 몸이었던 것이다. 뒤늦게 나의 장애가 '질병'으로 인한 '장애'였음을 알게 됐다.

병명을 알게 되니 마음이 편안해졌다. 앞으로 나타날 병의 증세를 알게 되고, 짐작할 수 있게 된 것이다. 몸의 변화가 와도 증세가 심해지더라도 당황하지 않도록 마음의 준비를 할 수 있었다. 나뿐만 아니라 사람들에게 내 장애를 이해받기까지 꽤 오랜 시간이 걸렸다. 사지가 멀쩡한데 왜 걷지 못하냐, 꾀를 내서 못 걷는 척하며 사람 부려먹고 제 몸 편하려 한다 등등 얼음송곳 같은 말에 수없이 찔렸다. 이렇게 찔린 자리마다 냉소가 남아 곪은 마음의 상처는 아물 틈이 없었다. 나마저도 장애가 있는 몸을 탓하며 원망의 가시로 상처를 찌르길 반복했으니까. 형체 없이 곪아가는 상처로 지독하게 아팠다.

질병으로 인한 장애임을 알고 나서야 내 몸을 살피게 되었다. 비로소 질병과 장애의 원인을 알게 되어 나 자신에게 퍼부었던 원망을 멈추게 되었다. 그리고 비틀린 몸이 겪는 통증을 담담히 바라보게 되었다. 감정에 얽혀 바라봄을 거두고.

모르

매일, 조금이라도 덜 아프기 위해

질병은 45년 동안 내 몸을 꾸준히 변형시켰고, 장애도 점점 더 진행됐다. 혼자선 설 수도 걸을 수도 누울 수도 없고, 옆으로 비켜 앉을 수도 없다. 타인이 나를 바닥에 앉혀준 대로 벽에 등을 기대어 양반다리를 하고 앉는 것이 최선이다.

몸속 근육과 뼈는 시나브로 위축되고 변형되어갔다. 대칭성 근육 약화로 몸의 외형과 기능은 오른쪽과 왼쪽의 차이가 눈에 띌 만큼 크다. 근력 저하는 왼편이 더 빠르게 진행됐다. 팔을 올리지 못하고 무릎이 쭉 펴지지 않는 증상도 왼쪽부터 나타났다. 어깨도 왼쪽이 먼저 내려가면서 등이 굽어갔다. 척추는 옆으로 휘어 오른쪽으로

정상이라 말하는 몸과 '다른 몸'

자리를 잡아갔다. 갈비뼈는 오른편으로 돌아갔다. 왼쪽 갈비뼈 끝이 배꼽 근처에 와 있고, 오른쪽 갈비뼈는 옆구리를 둥글게 감싸 오른쪽 겨드랑이와 일렬이 되어 있다. 척추가 휘며 상체가 돌아가니 골반도 틀어져 수평을 잃었다. 왼쪽 골반이 위로 올라가 견갑골과 맞닿아 있어 겨드랑이 밑에 옆구리 없이 바로 골반이 있다. 무릎 관절도 구축되어 'ㄱ' 자 모양이라 다리를 그 이상 뻗지 못한다.

나는 잘 때 눕지 않는다. 누워서 잠자기와 멀어진 지 12년이 넘었다. 혼자 눕거나 돌아눕지 못하고 일어날 수도 없기 때문이다. 척추 측만으로 심하게 휘어 돌출된 등은 누운 지 몇 분 되지 않아 아프다는 신호를 보낸다. 찌릿찌릿함과 저릿저릿함으로 시작되어 콕콕콕 찌르는 통증이 꼬집혀 비틀리는 듯한 통증으로 이어지면 뼈가 으스러질 것 같다. 이 통증 때문에 내 등과 허리가 누운 자세를 버틸 수 있는 시간은 길어야 30분 정도이다.

잘 때는 눕는 대신 폴더 폰처럼 몸을 접어 토끼잠을 잔다. 양반다리 자세에서 벽에 기대어 세운 상체를 앞이나 옆으로 하체에 포개 엎드리거나, 베개를 안아 엎드리며 머리를 베개에 얹고 자는 것이다. 그나마 이 자세로 자면 눕는 것보다 편하게, 길면 한 시간 정도 잘 수 있다. 하지만 자주 깬다. 잠을 길게 못 자고 깨는 이유는 잠자는 자세로 인해 생기는 통증 때문이다. 다리가 저려서 깨고, 무릎이 쑤셔서 깨고, 옆구리와 등이 뻐근해서 깨고, 턱이 아파서 깨고, 머리에 피가 쏠려 쑤시는 듯해 깬다. 통증은 접혀 눌린 몸 곳곳에 계속 압력이 가해지고 혈액순환도 잘되지 않아 생긴다. 통증 때문에 깨면 몸을 일으킨 후에 다른 방향으로 엎드려 잠을 자고 깨고를 반복한다. 통증은 한 가지 자세를 취하고 20분에서 한 시간 정도 지나면 찾아온다.

하룻밤 새 수십 번을 깨는 셈이다. 잠이 깰 때면 다시 잠을 이루기 어려워 짜증이 나기도 했다. 잠이 들기 위해 아무 생각도 하지 않으려 애써봤지만 허사였다. 생각하지 않으려 애쓰는 노력이 오히려 잠을 방해할 뿐이었다. 한 시간이 가고 두 시간이 가도록 잠들지 못할 때도 종종 있다. 그럴 때면 치밀어 오르는 짜증을 참느라고 일어나 앉아 한숨을 쉰다. 잠도 편히 못 자는 삶을 원망하느라 밤을 지새우기도 했다. 하지만 잠을 깨우는 통증은 내게 몸을 다시 뒤척이라고 보내는 신호라 생각하고 감정을 신지 않기로 했다. 그런다고 단잠이 올 리는 없으니까.

　누웠다 몸을 일으킬 때는 활동지원사가 일으켜줘 양반다리 자세로 앉아 상체를 숙여 하체 쪽으로 접는다. 내게는 엎드린 자세다. 그렇게 엎드려 통증이 가라앉는 동안 숨을 고른다. 눌린 등과 허리에 피가 통하고 뼈가 펴지는 듯한 느낌이 온다. 그러면 살 거 같다는 생각이 절로 든다. 이처럼 누우면 통증이 뒤따르기에 웬만하면 눕지 않고 생활을 한다.

　몸이 해가 갈수록 약해지고 변해간다. 예전에 입었을 땐 큰 불편함을 느끼지 못했던 옷들이 좀이 쑤셔 견디기 힘들게 한다. 나는 돌출된 등 뒤로 상의를 젖힌 뒤 깔고 앉을 수 있을 만큼 당겨 내려 입는다. 그렇지 않으면 시간이 갈수록 옷의 어깨선이 조금씩 앞으로 흘러내려 매무새가 이상해지기 때문이다. 팽팽히 당겨진 옷은 어깨를 짓눌러 통증을 일으킨다. 익숙해진 통증이다. 그런데 요즘은 이 통증에 시큰함이 더해졌다. 한겨울에 외출할 때 옷을 여러 겹 껴입으면 오던 통증이었다. 여름날 한 겹의 옷을 걸쳤는데 겨울에나 만나던 통증이 오니 나는 분주해졌다. 팽팽하게 당기는 힘을 덜어줄 소재의 옷을 찾느라.

외출할 때 청바지를 즐겨 입는다. 청바지는 탄탄한 천이 하늘거리지 않아서 가는 다리와 서로 다른 다리 굵기가 표 나지 않게 감춰주어 매무새가 괜찮기 때문이다. 그런데 올해는 청바지가 옷장 밖을 못 나오고 있다. 청바지를 입으면 바지 버튼과 지퍼가 일렬로 만나는 왼쪽 갈비뼈에 숨이 막힐 듯한 통증을 안겨주기 때문이다. 청바지를 입고 몇 시간이 지나면 갈비뼈 끝이 엄청 뾰족해져서 배를 누르고 숨을 조여온다. 등골에 땀이 주룩주룩 흐르고 배에도 땀이 흥건해진다. 집에 와서 바지 버튼을 풀면 통증으로 억눌려 있던 숨이 '확' 쉬어진다. 앓던 이가 빠진 것처럼 통증이 사라져버린다.

날이 갈수록 더 휘어지는 몸 때문에 왼쪽 갈비뼈와 청바지 버튼의 공간이 좁아져 생기는 통증이 아닐까 싶다. 버튼이 없는 고무줄 바지는 밴딩이 얇고 탄성이 거의 없는 제품이 좋은데 찾기가 어렵다. 밴딩 탄성이 좋으면 왼쪽 골반과 견갑골 사이를 파고들어 허리를 조여 힘들다. 밴딩이 파고들어 조이는 바람에 허릿살이 파인 적도 있었다. 옷에 따라 통증이 동반되니 입을 옷을 고르는

정상이라 말하는 몸과 '다른 몸'

데 제약이 점점 많아진다. 불편하지 않은 옷은 아예 엄두도 못 내고, 덜 불편한 옷을 골라내기도 너무 힘들어지고 있다.

외출복이 불편한 탓도 있지만, 다리가 아파 긴 시간 외출은 피하게 된다. 휠체어에 앉으면 틀어진 골반으로 인해 허벅지가 벌어져 고관절이 쑤신다. 그래서 허벅지를 모아주는 다리 벨트를 하는데, 고관절 통증은 줄어들지만, 벨트로 조여진 부분은 피가 안 통하는 느낌이 든다. 피가 안 통하는 느낌은 점차 엉덩이와 발끝까지 전해진다. 하지만 고관절이 아픈 것보다 나아 벨트를 하고 다닌다.

휠체어에 앉아 시간이 좀 흐르면 마치 누군가 내 무릎을 억지로 펴는 듯 종아리가 땅긴다. 무릎에서 뜨끈뜨끈한 열이 난다. 정강이뼈가 무릎에서 빠져나가는 느낌이다. 이 정도에 이르면 몸도 정신도 안절부절못하게 된다. 무릎을 잘라내고 싶을 만큼. 잘라내도 일상이 별반 달라질 일도 없다는 생각이 들어 무릎을 없애버리고 싶은 충동이 머리끝까지 차오른다.

귀가해서 휠체어에서 내려 방바닥에 앉을 때까지 통

증을 견뎌내야 하는데, 이제는 힘듦을 넘어 다음 외출을 꺼리게 된다. 통증에 대한 두려움을 내색하지 않으면서 통증을 덜 방법을 고민 중이다. 아무래도 휠체어 구조에서 찾아야 할 거 같다. 틀어지는 몸의 속도에 맞게 휠체어를 개조하는 식으로.

'정상 신체'에 맞춰진 의료 기기

2014년 12월, 감기에 걸린 줄 알았다. 몸살이 왔을 때처럼 온몸이 아팠다. 약국에서 약을 사 먹어도 나아지지 않았다. 증세는 계속됐고 혈당이 자주 떨어졌다. 몸살과 다른 통증이 불쑥불쑥 찾아왔다. 견디다 못해 119에 연락해 활동지원사와 구급차를 타고 집에서 가까운 국립대학병원 응급실에 갔다. 대기 번호를 받고 한참을 기다려 채혈을 했다. 또 한참을 기다려 간 수치가 너무 높게 나왔다는 말을 듣게 됐다.

의사는 정밀 검사가 필요하다며 정기적으로 다니는 병원이 있는지 물었다. 여기선 진료기록도 없고 환자도 많아 대기 시간이 많이 길어지니 이를 고려하고 진료를

정상이라 말하는 몸과 '다른 몸'

받을지, 아니면 다니던 병원으로 옮길지 판단하라고 했다. 나는 정기적으로 다니는 병원을 선택했다. 진료기록이 있어 내 몸에 대한 설명을 줄일 수 있기 때문이다.

하룻밤 새 두 병원의 응급실을 가게 되는 예상치 못한 이동에 활동지원사도 나도 녹초가 되었다. 도착한 응급실에서 또다시 채혈하고 CT를 찍으러 검사실에 들어갔다. 누워서 기다리는데 '환자는 자세가 나오지 않아 CT를 찍을 수가 없다'라고 했다. 척추와 갈비뼈, 골반뼈는 일직선이 아니라 휘어지고 눌려 영상으로 봐선 구분키 어려울 정도로 서로 겹쳐져 있다고 했다. 그래서 나는 CT뿐만 아니라 MRI도 찍을 수 없음을, 영상의학 검사는 엑스레이와 초음파 검사밖에 받을 수 없음을 알게 됐다. 눌린 캔처럼 척추가 휘어 등의 외관이 변했을 뿐만 아니라 몸속의 뼈와 장기도 원래와 다르게 자리 잡았음을 알게 됐다.

다시 응급실 침대로 돌아와 CT를 찍을 수 없었다고 이야기하고 병실이 배정되길 기다렸다. 내가 검사를 못받고 나와 병원 측은 곤란한 듯했다. 의사와 간호사는 다른 검사 방법을 찾기 어려워 난감해했다. 새벽부터 별다른 검사를 못 받고 기다린 끝에 밤이 돼서야 일단 병실을 배정받았다.

의사는 간 수치가 계속 올라가니 복강경 수술이나 개복 수술을 해보자고 했다. 마취하기 위해 폐활량 검사를 했지만, 그마저도 결과가 좋지 않아서 할 수 없었다. 의사는 검사를 못 해서 정확한 진단을 할 수 없기에 환자가 보이는 증상을 토대로 치료를 시작했던 듯하다.

가능한 치료법은 몇 가지 항생제를 써보며 간 수치를 낮추는 항생제를 찾는 거라고 했다. 맞는 항생제를 찾았으나 구토와 설사가 심해 정신을 차릴 수가 없었다. 항생제 알레르기 반응이었다. 증상이 완화되는 처방을 요구했지만, 이 증상엔 약이 없다고 해 견딜 수밖에 없었다. 계속되는 구토로 음식은커녕 물조차 마시기 힘들었다. 맥없이 자다가도 일어나 토하고 설사하길 반복했다.

그렇게 일주일 정도 치료를 받고 나아서 퇴원했다. 울렁거림은 몇 달간 지속했고 몸이 회복하기까지 1년 정도 걸렸다. 나는 무슨 병으로 아팠고 치료받는지도 모른 채 퇴원했다. 몇 년 후 진료기록지 서류를 보고서야 담관염 또는 담낭염이란 질환임을 알았다.

의료 기기는 '정상'이라 말하는 몸에 맞춰진 검사 기구다. 나처럼 몸이 많이 틀어지고 휘고 구축된 사람들에겐 소용없을 때가 있다. 골다공증 검사에서도 같은 이유로 골반이나 척추 촬영이 불가능해 손목만 촬영했다. 손목 부위의 골다공증 지수는 높았다. 하지만 골반이나 척추 촬영에 따른 진단이 아니라서 비급여로 처방받게 됐다. 의사는 난감해했다. 골다공증은 같은 약이라도 수치가 아닌 촬영 부위에 따라 수가를 매겨 어쩔 수 없다는 것이다.

질병에 맞는 적절한 의료 치료는 몸의 형태와 상관이 있다. 일반적으로 '정상'이라 말하는 몸과는 '다른 몸'은 어떻게 검사해서 진료할지 고민할 필요가 있다. 나뿐 아니라 다른 사람들도 의료검사기로 진단을 받을 수 없어서 어려움을 겪을 테니 말이다.

몸의 통증들은 약이나 수술로 해결되지 않기에 나는 통증에서 완전히 해방되는 것은 생각하지 않는다. 그래서 조금이라도 덜 아프게 살 방법을 찾으려 한다. 누워서 자기보다 폴더 폰 형상으로 자기를 선택했듯. 그것이 나에게는 제일 나은 선택이었다. 지금도 밀려오는 통증과

모르

타협점을 찾아 잘 견디는 일상을 유지하려 노력 중이다. 변형된 몸에서 오는 통증을 탓하다가 '탓'의 굴레에 빠져 무기력하게 살다 가고 싶진 않아서다. 아직은 견뎌낼 수 있는 통증. 난 오늘도 그렇게 '통증맞이' 중이다.

'방 한 칸의 존재'에서 벗어나기

초등학교를 졸업한 뒤 20대 후반까지 늘 집에서만 지냈다. 가족들이 학교나 직장으로 가고 조용해지면 아침잠 한잠 더 자고 일어나 쟁반에 차려진 밥을 먹고 라디오를 들으며 집 안을 정리하고 청소했다. 영화 〈빠삐용〉의 주인공처럼 앉아서 거실 양쪽 벽을 왔다 갔다 하는 운동을 했다. 지는 해가 비쳐 들어오면 방으로 들어가 책 몇 장 넘기다 깜박깜박 조는 하루가 나의 일상이었다.

집에만 있게 되면 '쟨 뭘 몰라'라는 소리를 듣고 무시당하게 될 것 같았다. 소외되고 싶지 않다. 책이나 텔레비전, 라디오, 사람들이 나누는 대화는 나를 바깥세상과 연결해주는 고리가 되었다. 대문 바깥을 직접 경험할 수 없었지만 그렇게 간접 경험을 할 수는 있었다. 무너져 내린 삼풍백화점을 보며 가슴을 쓸어내렸고, 〈시사매거진 2580〉을 보면서 이른바 삼성의 무노조 경영을 알게 됐다.

나는 걷지 못한다. 그래서 문턱이 높은 방을 나갈 수가 없다. 어릴 적 내가 살던 집은 마당에 재래식 화장실과 수도가 있었다. 손바닥과 정강이로 바닥을 쓸며 움직이는 나로서는 접근할 수 없는 곳이었다. 방에서 가족의 도움을 받아야 먹고, 싸고, 씻을 수 있었다. 뭐든 혼자 하기 어려운 구조와 환경 속에 사는지라 '내 인생'이란 게 없었다. 언제나 타인의 삶에 더부살이하는 존재였다.

나는 생존하기 위해 늘 누군가에게 얹혀 돌봄을 받아야 했고, 이는 가족에게 '부담'으로 인식되고 고착되었다. 나이가 들수록 그런 부담은 집안의 가장 큰 걱정거리이자 현실적으로 해결 불가능한 과업이 되었다. 더는 눈이 떠지지 않는 날이 와야만, 이 모든 부담에서 서로 자유로울 수 있을 것 같았다.

당시 방은, 세상이 토해내는 끌끌 혀 차는 소리로부터의 도피처이자 타인의 시선이 닿지 않는 유일한 공간이었다. 문 닫힌 방에 혼자 있는 시간이 편했다. 나는 그렇게 자신을 방 한 칸의 존재로 여기게 됐다. 그런데 어느 날 불현듯 비참했다. 죽을 때까지 이 세상에 머물 곳은 방 한 칸이 전부라는 생각에.

어린이와 청소년 시기를 지나 '성인' 축에 드는 20대가 되니 또 다른 막막함이 밀려왔다. 초등학교 친구들은 대학생이 되거나 재수생이 되거나 취직을 한다는 소식들이 들려왔다. '넌 어떻게 살 거야? 뭐 하고 살 거야?'라는 물음에 나도 다른 친구들처럼 대답할 수 있으면 좋겠다는 생각이 들었다.

방 한 칸의 존재로 사는, 가방끈이 짧은 중증 장애인의 상황은 누구도 공감하지 못했다. 그저 막막했다. 그래서 나는 침묵하기 일쑤였다. 매일 벼룩시장, 교차로, 신문, 인터넷 등을 샅샅이 찾아 읽었다. 그렇게라도 하다 보면 내가 할 수 있는 일을 찾을지 모른다는 막연한 생각으로 한 해 또 한 해를 보냈다.

2004년 스물아홉 살이 되던 해, 인터넷에서 '장애인 자립생활 체험홈(탈시설 혹은 탈재가 의지가 있는 장애인이 자립 생활을 경험할 수 있도록 거주할 주택과 프로그램을 단기간 제공한다)이란 용어를 발견했다. 머릿속에 번쩍 섬광이 스쳤다. 이 기회에 집을 나서야겠다는 생각이 들었다. 나 때문에 일상을 구속받는 가족에게 언제나 죄스러웠다. 가족이 나에게 구속되지 않고 자유로운 일상을 영위하길 바랐다.

태어나 평생 살아온 강원도를 떠나 서울로 가겠다고 하자 가족의 심한 반대에 부딪혔다. 집 밖에도 혼자 못 나가는데 타지에 가겠다니 말도 안 되는 소리다, 앵벌이 시키는 곳 아니냐, 낯가림 많아 말 한마디도 못 하면서 어찌 살겠다는 것이냐 등등, 여러 걱정과 우려를 줄기차게 쏟아냈다. 하지만 나 또한 꿋꿋했다. 한 달 내내 이어지던 엄마의 반대는 '죽기 전에 한번은 집을 나가서 살아봐야겠다'라는 내 고집에 꺾였다. 내 인생을 살아볼 기회일 수도 있는데, 내가 꺾일 순 없었다.

10월 중순 오빠랑 서울로 올라와 체험홈에 입소했다. 그날 오빠는 저녁 늦게까지 강원도 집으로 내려가지 않고 혹시나 내 연락이 올까 봐 서울에서 기다리고 있었다 한다. 내가 맘이 바뀌어 집으로 가겠다고 하길 내심 바랐다고 한다.

체험홈에서 지내며 여러 일이 있었다. 강원도 집에서만 생활하다가 가뜩이나 복잡한 서울에서 살다 보니 외출하면 길을 잃기 다반사였다. 한강 유람선을 타러 갔다가 유람선으로 옮겨 타던 중 휠체어에서 떨어져 119 수상 구조선에 실려 응급실에도 갔다. 또 에스컬레이터에서 굴러떨어져 응급실에 가서 턱을 몇 바늘 꿰매기도 했다.

그래서 장애인자립생활센터 사람들은 내가 체험홈 입소 기간인 3개월이 끝나면 다시 강원도 집으로 내려갈 것으로 생각했단다. 하지만 나는 서울에 살기 위해 전셋집을 알아보러 부동산을 들락거렸다. 단기간에 사건, 사고가 끊이지 않는 서울 생활에 '집 나오면 개고생을 한다는 말이 맞구나' 싶었다. 하지만 집을 나오며 각오하고 들어선 고생문이다. 몇 발짝 더 떼어봐야겠다는 오기가 객지에 대한 두려움보다 강했기 때문에 서울에 더 남아보기로 마음먹었다.

중증 장애 여성의 1인 생활

부모님이 내게 보증금으로 지원해줄 수 있는 금액은 2000만 원이었다. 서울에서 전동 휠체어가 접근할 수 있는 싼 전셋집을 찾아야 했다. 전세보증금이 2000만 원이 안 되는 집이라는 부동산의 연락을 받고 가보면 계단이 많거나 반지하 주택인 경우가 많았다. 한 달 동안 집을 구하러 다닌 끝에 그나마 조건에 맞는 집을 발견했다. 다가구주택 1층이었으나 문턱과 문지방이 있어서 휠체어 접근이 어려워 집주인에게 경사로 설치에 대해 양해를 구했다. 다행히 집주인은 이해해줬고 경사로 설치는 내가 알아서 하고 이사할 때 원상 복구하는 조건으로 계약했다.

서울살이를 시도할 수 있었던 것은 활동지원서비스의 역할이 컸다. 활동지원서비스는 활동지원사가 중증 장애인의 신체, 가사, 사회 활동 등에 필요한 활동을 지원하는 복지 제도다. 내가 집을 나왔던 2004년에는 활동지원서비스 제도가 없었다. 그런데 다행히 내가 입소했던 체험홈을 운영한 장애인자립생활센터가 시범 사업 기관이라 활동지원서비스를 이용할 수 있었다. 나에게 주어

정상이라 말하는 몸과 '다른 몸'

진 활동지원서비스 시간은 평일 하루 두 시간이었다. 휴일과 주말, 야간엔 그마저도 주어지지 않았다. 24시간, 하루를 두 시간의 서비스를 받으며 먹고, 씻고, 청소하고, 이동하며 살아낼 수 있어야 했다.

당시는 지금과 달리 손바닥으로 바닥을 짚고 무릎을 꿇은 채 정강이로 바닥을 쓸며 움직일 수 있었다. 다가구주택이었지만 실내 구조는 원룸과 같아 웬만한 일은 혼자 해결할 수 있었지만 오랜 시간을 들여야 했다. 어른 두 명 정도 잘 수 있는 작은 방이지만 내가 움직이기엔 너무 넓었다. 방을 쓸고 닦으면 한두 시간이 후딱 가고, 세수하러 갔다 와도 한 시간, 화장실을 갔다 오면 한두 시간, 샤워하고 옷 입으면 서너 시간이 걸렸다.

뭐든 하고 나면 진이 빠지기 일쑤였다. 그래서 먹을 기력조차 없었다. 화장실을 갔다 오는 것도 너무 귀찮고 힘들었다. 하루 식사를 초코파이의 절반 크기인 빅파이 하나로 때웠다. 한 모금도 안 마시고 지내는 날도 종종 있었다. 입이 짧기도 했지만, 허기조차 느껴지지 않을 만큼 움직임에 긴장과 힘듦이 배어든 날들이었다.

혼자 있다가 넘어지면 못 일어나거나 다칠까 두려

워 늘 휴대전화와 함께 움직였다. 혹시나 했던 걱정은 어느 날 덜컥 현실이 되어 찾아왔다. 접싯물에 코를 박듯이 방바닥에 앞으로 '콕' 고꾸라져 머리를 들 수 없었다. 숨이 가빠왔다. 마침 손이 닿는 곳에 있던 휴대전화로 동네 지인에게 도움을 청했고, 지인이 달려와 일으켜줘서 살아났다. 하마터면 죽을 뻔했다며 서로 깔깔거리고 웃긴 했지만, 활동지원사가 없는 시간에는 생사가 오갈 수도 있음을 경험한 순간이었다. 그래서 집에서 혼자 움직일 때 팔이 후들거릴 정도로 힘들고 긴장이 더해졌다. 또한, 진행성인 근육병의 장애 정도 역시 하루하루 심해져갔다.

나는 혼자 전동 휠체어를 타고 내릴 수 없다. 그래서 하루 두 시간 주어지는 활동지원서비스 시간을 출근 준비에 이용했다. 오전 8시, 활동지원사가 오면 출근 준비를 시작한다. 샤워하고, 옷 입고, 청소하는 등 모든 일에 도움을 받는다. 활동지원사가 방바닥에 있는 나를 안아 휠체어에 앉히면 비로소 준비를 마치고 출근했다. 혼자서는 엄두도 못 낼 일을 두 시간 안에 다 할 수 있었다. 활동지원사가 없으면 준비에 걸리는 시간은 엄청나게 길어진다.

정상이라 말하는 몸과 '다른 몸'

퇴근할 땐 집 앞에서 지나가는 사람한테 부탁해야 집에 들어갈 수 있었다. 지나가던 낯모르는 사람과 집에 같이 들어가 휠체어에서 내렸다. 누군지도 모르는 사람이 나를 안아 방바닥에 앉혀야 휠체어에서 내려올 수 있었다. 매일 모르는 사람에게 부탁하고 품에 안겨야 하는 부담과 거리낌을 어쩔 수 없이 감당해내야 했다. 몇 년을 매일 낯선 이에게 도움을 청해서 집에 들어가는 객지 생활로 문밖에서 나는 작은 소리에도 예민해졌다. 도움을 주고 갔던 사람이 몇 분 뒤 다시 돌아와 문을 두드리거나, 누군지 모를 사람이 문을 강제로 열려고 하는 일도 있었다. 그런 무서움과 공포감을 오롯이 혼자 견뎌내야 했다.

내가 살던, 길가 1층에 있던 집은 대학교 근처라 밤새 지나다니는 사람이 많고 조용하지 않았다. 궁여지책으로, 밤새 불을 켜놓아 사람이 있는 집임을 나타내서 안전을 도모하려 안간힘을 썼다. 중증 장애 여성이 혼자 사는 객지 생활은 하루하루가 긴장의 나날이었다. 활동지원서비스가 안정되지 않은 시기에 자립했던 나의 일상은 늘 이 악물고 버텨내야 했던 고된 날의 연속이었다. 전국장애인차별철폐연대를 중심으로 2006년 활동보조서비스 제도화를 요구하는 강력한 투쟁을 벌였고 2007년 활동지원서비스가 전국에 시행되었다. 활동지원서비스 시간이 점차 늘어 내 일상도 조금씩 안정되기 시작했다. 오후에도 서비스를 이용할 수 있게 되어 귀갓길의 두려움은 사라졌다.

집주인이 바뀌며 보증금을 두 배로 올려달라는 요구에 이사를 선택했다. 안전하지 않은 주거 공간을 떠나 원룸으로 이사했다. 이제 밤에 불을 켜놓지 않아도 되었다. 보증금이 더 비싼 집인 만큼 2중 잠금장치가 돼 있었고, 고층이라 길을 지나다니는 사람들 발걸음 소리나 소음이 주는 두려움에서 자유로워졌다. 5년 만에 밤에 불을 끄고 불안하지 않은 마음으로 잘 수 있게 되었다. 또 웃풍이 덜해 겨울에 보일러와 수도 동파를 방지하기 위해 온수를 틀어놓지 않아도 되었다.

어느 날 이사한 집에서 혼자 욕실에 갔다가 넘어져서 못 일어났다. 활동지원사가 올 시간까지 넘어진 상태로 기다리며, 나는 앞으로 혼자 움직이지 못하리라 직감했다. 근육병이 더욱 진행된 것이다. 그날 이후 내 몸은 돌부처가 되어 활동지원사가 바닥에 앉혀주면 그 자리에

정상이라 말하는 몸과 '다른 몸'

서 옆으로 조금도 이동하지 못했다. 혼자선 눕거나 일어날 수도 없게 됐다. 집에 있어도 활동지원사가 없으면 화장실 문제를 해결 못 하고, 식사는커녕 물 한 모금도 마실수 없었다. 욕실에서 넘어진 날 이후 나는 중증 장애인이 아닌 최중증 장애인이 됐다.

15년 전, 죽기 전에 '방 한 칸의 존재에서 벗어나고 싶다' '내 인생을 한번 살아보고 죽자'라는 절박함을 안고 집을 떠나왔다. 사는 데 꼭 필요한 의식주, 사회 서비스 등으로 안정된 삶을 꾸리기 위해 안간힘을 써야 했다. 절박함이 만들어낸 힘으로 버틸 수밖에 없던 힘든 날들도 있었다. 그래도 지금 같은 삶이, 사람답게 사는 거 같아 좋다. 이제 더는 누군가의 입에 걱정거리로, 부담으로, 한숨으로 오르내리지 않는다. 비로소 주체적인 존재로 인정받으며 살게 되었다. 남은 삶은 이 뿌듯함을 좀 누리며 살고 싶다.

'노동할 수 없는 몸',
노동을 갈망하다

"쟤는 평생 밥벌이도 못 할 텐데 어쩌나. 쯧쯧."
"방에 앉아서 할 수 있는 일은 글 쓰는 거니
작가가 되라고 해."

내 할 일은 그렇게 어린 시절부터 어른들이 정해놓
고 있었다. 내 의사나 소질하고는 전혀 상관없이 말이다.

초등학교 저학년까지 부모, 형제와 한방에서 살았
다. 손님이 오면 이 방은 지금의 거실과 같은 손님맞이 공
간이 됐다. 그래서 어른들이 나누는 대화를 여과 없이 듣
게 됐다. 애가 들으면 안 된다며 걱정스레 소곤거리고 한
숨을 쉬는 소리도 내 귀엔 꽂히듯이 들렸다. 내 밥벌이에

대한 걱정은 이때부터 시작되었다.

학교에서도 마찬가지였다. 선생님들은 하나같이 글을 써야 한다고 나를 설득했다. 장애가 있어서 내 삶은 남다른 이야기 소재가 되고 취직이 어려우니 작가가 되어 먹고살라는 거였다. 책을 써서 사람들에게 감동을 주고, 다른 장애인에게 꿈과 희망을 주면 오랫동안 나에게 희생한 가족과 도움을 줬던 사람들에게 보답하는 것이라고. 고마움을 표하고 은혜를 갚을 방법은 그것뿐이라고 했다.

이런 이유로 내 직업은 작가로 확고히 정해져갔다. 그러나 표현하지 않은, 표현되지 못한 내 의사는 '싫어'였다. 대답은 언제나 마음속에만 머물렀다. 그 시절 글짓기 숙제도 몹시 싫어해서 어른들이 시켜서 했을 뿐이고 책도 어쩔 수 없이 읽었다. 그래서 갈수록 글쓰기에 대한 거부감은 커져갔다.

그런데 어른들은 몇십 년이 지난 지금도 내가 글을 쓰고 있는지 궁금해한다. 엄마를 통해 "딸은 지금도 글 쓰고 있어?"라고 안부를 묻는 어른들 소식이 가끔 들려온다. '내가 스스로 글을 쓰겠다고, 쓴다고 한 적이 있었던가?'라고 자문하며 이내 고개를 젓는다. 누구도 나에게 무엇을 하고 싶으냐고 묻지도 않고 정해놓은, 내가 꿈꾸지 않았던 직업, '작가'는 마흔이 넘도록 꼬리표처럼 따라다닌다.

학력도 보잘것없고 이렇다 할 경력도 없는 고졸 검정고시를 준비 중인, 먹고살 길이 막막한 서른 살 중증 장애인이던 나에게 노동의 기회가 찾아왔다. 장애인자립생활센터에서 3개월 동안 인턴으로 일해보라고 연락이 온 것이다. 주 5일인지 3일인지 정확히 기억나진 않지만, 한 달 급여는 5만 원이었다. 나도 '출근'이란 걸 하게 됐으니 조건은 아무래도 상관없었다. 그토록 하고 싶었으나 영영 기회가 오지 않을 거 같았던 '첫 출근'을 하게 되었다.

출근해서 하는 일은 자립생활 관련 책을 보거나 회의를 참관하고 집회에 참석하는 일 등이었다. 센터 사무실에서 활동지원서비스를 담당하던 코디네이터가 갑자기 그만두면서 내 인턴 기간은 두 달 정도로 단축되었고 이후 상근직으로 일하게 되었다. 새로 채용할 코디네이터의 업무를 인턴이던 내가 하게 된 것이다. 주 5일 근무에 한 달 급여는 20만 원으로 바뀌었다. 추후 급여는 차츰 차츰 올라 이듬해에는 최저임금 70만 원을 받게 되었다. 센터 업무는 갖가지 서류와 절차, 형식에 따라 처리해야 했다. 생소한 업무와 용어를 빠르게 익혀 자리를 잡아야 한다는 생각으로 일에만 몰두했다.

실무를 파악하고 익히기 급급한 날들이 지나 일의 흐름에 익숙해지니 사람과의 관계가 뜻밖의 걸림돌로 나타났다. 센터 사람들은 두 파로 나뉘어 분위기는 살얼음판 같았고 친하게 지냈던 사람들은 하나둘 사표를 냈다. 나도 '일신상의 이유로 퇴사합니다'라는 내용의 사표를 쓰고 1년 넘게 재직한 곳을 나오게 됐다.

하지만 생애 첫 퇴직금은 순순히 내게 오지 않았다. 센터는 중증 장애인에게 일자리를 제공하고 급여도 줬으니 퇴직금은 지급하지 않겠다는 입장이었다. 나보다 앞서 퇴사한 직원들에게는 퇴직금을 지급했는데 나에겐 줄 수 없다니, 수긍할 수 없었다. 노동부에 퇴직금 미지급 신고를 해서 받아냈다. 순탄치 않은 과정이었다.

노동이 삶의 일부가 된다는 것

장애인자립생활센터 퇴사 후 몇 달간 적극적으로 일자리를 구하다 소개로 재취업을 하게 됐다. 진보 장애인 운동을 하는 문화 단체였다. 센터에서는 노동자를 직원이라고 칭했는데 여기선 '활동가'라고 불렀다. 3개월 반상근으로 인턴을 하고 이후 '상근 활동가'라고 불리게 됐다. '사회 활동이나 정치 활동에 적극적으로 행동하며 실천하는 사람'을 이른다는 활동가라는 정체성은 나와 맞지 않는 것 같아 들을 때마다 꽤 어색했다. 사회나 정치 활동에 대한 고민을 해오지 않았기에 '활동가'란 호칭을 들어도 되는지 계속 자기 검증을 하게 되고 위축되기도 했다. 활동가로서 활동에 대한 고민과 투쟁 현장에서 느끼는 이

질감은 늘 동반되는 고민거리였다.

하지만 장애인 당사자로서 외부에 목소리를 내는 일을 하다 보니 점차 어색함은 옅어졌다. 2006년에는 활동보조서비스 제도화를 요구하며 단식투쟁을 하다 사흘 만에 쓰러져 응급실로 실려 가기도 했다. 당시 서울장애인인권영화제 관련 일을 하며 장애를 불쌍하거나 극복해야하는 것으로 표현한 작품들을 비판적으로 보게 됐다. 단체에서는 장애인 당사자가 영상 제작 교육을 받고 자기권리를 영상으로 표현할 수 있도록 지원했는데, 문화 활동도 또 하나의 운동 방식임을 알게 되었다. 나에겐 활동가로 성장할 수 있는 시간이었다.

하지만 여러 고민 끝에 2008년, 단체에서 퇴사했다. 실업급여가 나오는 동안 구직 활동을 하지 않고 충분히 쉬기로 마음먹었다. 실업자가 된 후 늦잠을 실컷 자고 실업급여 받으며 생활비 걱정 없이 푹 쉬어볼 요량이었다.

그런데 실업급여를 받는 기간이 끝나지도 않은 2009년 초 다른 단체의 활동 제안을 받았다. '왜 벌써 일을 하려 하냐, 왜 그렇게 힘든 데로 가려고 하냐'는 주변의 만류에도 나는 면접을 봤고, 결국 출근하게 되었다. 사

모르

실 일을 하게 된 이유는 호기심이 생겨서였다. 해당 단체는 진보 장애인 운동의 중심지로 불렸는데, 어떤 사람들이 어떤 일을 하고 있는지 궁금했다.

면접 시 '투쟁 사업도 많고 외부 일정이 많다. 그리고 집회, 농성 현장을 소수 활동가가 책임져야 하기에 사무국이 비는 날이 부지기수고 일은 엄청 힘들다. 개인 활동가마다 담당하는 업무량도 많아 신입 활동가, 중증 장애가 있는 동료에 대한 배려가 부족할 수 있으니 기대하지 말고 혼자 일을 찾고 자리를 잡아야 할 것'이라는 말을 들었다.

나는 낯가림이 많은 성격이라 왁자한 분위기에 적응하기 어려웠기에 오히려 삭막한 게 더 괜찮았다. 뉘앙스나 내용은 다를 수 있겠지만, 중증 장애가 있는 몇몇 동료와 함께한 술자리에서 푸념처럼 뱉는 말 중 하나가 면접 보러 갔더니 '중증은 어렵다'라는 말을 대놓고 들었다였다. 하지만 그런 장애인 단체들을 비난하기 어렵다. 재정은 터무니없이 적고 활동가도 몇 안 되는데 여러 가지 투쟁도 하고 일상 사업도 해야 하니 말이다. 비장애인의 쌩쌩한 업무 처리 속도를 먼저 생각하게 되는 현실을 부정할 순 없는 것이다.

출근해서 묵묵히 담당 업무를 하고 틈틈이 알아서 일거리 찾아 정리해놓고 눈치껏 다른 일도 맡으며 활동하기는 어렵지 않았다. 업무량은 어딜 가나 해가 갈수록 늘기 마련이니까. 그런데 일주일에 한 번 하는 사무총국 회의는 고역이었다. 언제나 당위성으로 밀어붙이고, 현실적 어려움 때문에 불가능하다고 얘기하고, 자기 주견 없이 결정되는 대로 하겠다는 이 세 가지 입장이 거의 매번 고집스럽게 나타나 기싸움을 해야만 했다.

사무실이 이사하며 건물 한 층에 여러 단체가 빽빽이 들어차 공간을 나누어 쓰게 됐다. 사람은 많고 화장실은 남/여 각각 하나라 줄을 서게 되니 화장실도 맘 편히 이용하기 어려웠다. 출근해서 한 번 가는 화장실은 될 수 있으면 활동지원사 퇴근 시간인 오후 4시 이전에 가야 했다. 그러지 않으면 퇴근해서 집에 도착할 때까지 갈 수 없었다. 어쩌다 활동지원사가 없을 때는 동료의 도움을 받았다.

어릴 때부터 화장실에 가는 일은 나에게도, 상대방에게도 불편한 과정이었다. 그래서 대소변 배설을 억제

모르

하는 게 습관이 되었다. 이런 세월이 길어지면서 배뇨 지연과 변비가 생겨 화장실을 사용하는 시간이 남들보다 꽤 길어지게 됐다. 더불어 옷매무새를 가다듬고 휠체어에 편한 자세로 앉기 위해 자세를 변경하는 시간도 오래 걸렸다. 그러다 보면 기본 30분이 넘게 걸렸다. 이런 상황을 남들은 알 리 없고 알리지도 않았으니 눈치껏 사무실 밖 화장실을 찾아 구청, 지하철역으로 가기도 했다. 그러면 한 시간 이상이 걸리기도 했다.

소리, 사물, 사람이 빚어내는 북적거림과 산만함이 힘들어 사무실에선 이어폰으로 귀를 닫고 일했다. 공간에서 발생하는 소소한 불편은 업무보다 더 큰 스트레스가 되어 나는 예민해지고 날카로워졌다. 시도 때도 없이 울리는 업무용 단체 카톡방 소리에 꽤 심한 스트레스를 받았다. 일은 가중되고, 나는 한계를 드러내고 싶지 않아 부단히 애썼다. 지친 걸까? 활동을 그만두고 싶어졌다.

내 삶의 질은 장애인 운동 투쟁이 이룬 성과에 비례해 나아졌으나 활동가로 노동하는 삶은 벅찼다. 투쟁 사안은 늘어갔고, 아무리 쉬어도 피로를 떨칠 수 없을 만큼 노동 강도는 점차 증가했다. 집회 현장에서 쿵쾅거리는

커다란 앰프 앞에서 나도 모르게 잠들어버렸다. 피로는 점점 더 누적되었다. 독립해 잘 살아내기 위해 일하고 공부하며 애썼던 나는 가시 돋친 고슴도치가 되어 있었다. 그래서 퇴사를 희망한다고 단체에 알렸고, 안식월을 권유받았다.

안식월 3개월을 보내고 다시 거취를 논의한다는 조건으로 쉼에 들어갔다. 그러나 석 달이 채 되기 전에 복귀해야 하는 상황이 발생했다. 다시 출근했을 때 억지로 버텨내는 몸과 마음은 끝을 향해 달려가는 것 같았다. 더는 버틸 수가 없을 만큼 일로, 사람으로 지쳤다는 생각이 들었다. 2013년, 소속된 단체의 모든 활동을 정리한 뒤 백수로 돌아가 이사도 하고 휴대전화 번호도 바꿨다. 꽉 막힌 숨통을 틔우기 위해 아무것도 매이지 않은 일상을 보내며 숨을 골랐다.

고향에서 재가 장애인으로 지내던 시절엔 노동자라는 성취 지위를 얻는 일이 중증 장애인에겐 당연하지 않았다. 복권 당첨같이 느껴질 만큼 현실감 없는 바람으로 느껴질 정도였다. 하지만 난 노동을 갈망했고 무모하다는 소리를 들으며 서울에 올라와서야 '노동'과 만나게 되었다. 간절히 원하던 일을 시작했을 때는 신이 났다. 새로운 일을 배우고 동료와 관계를 맺어가는 게 즐거워 힘든 줄도 몰랐다. 일이 많아질수록 내가 인정받는다고 여겨져 뿌듯하기도 했다. 하지만 내 일상이 노동으로만 가득 채워졌음을 알게 된 순간 외로움이 밀려왔다. 후회도 했다. 자신을 돌볼 여유마저 버리고 살았다는 생각에. 노동은 삶의 전부가 아닌 일부여야 한다는 사실을 뒤늦게 깨달았다.

미리 맞이한 노년의 일상

퇴직금도 실업급여도 받을 수 없는 최저임금 노동자였던 나의 통장 잔액은 얼마 되지 않았다. 통장이 가벼워 기초생활수급자가 됐고, 그동안 꾸준히 돈을 넣은 청약 저축을 바탕으로 임대아파트에 당첨되어 인근 동네로 이사했다. 매달 나오는 수급비, 안정된 주거 환경과 활동지원서비스 등으로 일상생활은 백수가 되어도 큰 흔들림 없이 잘 유지될 수 있었다.

서울에 10년 넘게 살면서도 못 가본 명소를 구경하고 여행도 가고 친구와 가족도 자주 만나며 회복의 시간을 누렸다. 이렇게 동네에서 백수로 몇 년 살다 보니 예전과는 달리 옆집이나 윗집 이웃들과 마주치면 인사나

가벼운 이야기, 먹거리를 나누는 평범한 동네 주민이 되었다.

마을에 사는 중증 장애인은 의도치 않게 눈에 띄기도 하고, 쉽사리 관찰의 대상이 되기도 한다. 아이들은 전동 휠체어를 탄 할아버지는 무심코 지나치지만 나를 보면 지나치지 못하고 뚫어지게 쳐다보거나 가다 돌아와서 신기함과 호기심이 가득한 눈으로 보기 일쑤다. 내 휠체어를 가리키며 뭐냐고 물어보는 아이에게 휠체어라고 대답해주면 빤히 쳐다보다 엄마에게 달려간다. 어른의 몸집도 아니고, 어르신이라고 할 만큼 나이 들어 보이지도 않아 익숙지 않은 것이다. 몸집은 작은데 그렇다고 어린이 같지도 않은 사람이 타고 있는 휠체어는 아이들에게 새로운 유모차나 자전거로 쉽게 오인되기도 한다.

약 3년 동안 충전을 해서 사뿐사뿐 생기가 돌아오자 무언가 시작하고 싶었다. 장애인 단체에서 활동하며 알게 된 장애인평생교육기관에서 잠시 자원 활동을 했다. 낮 2시 문해·초등반 수업을 시작으로 도예·미술 등 공통 수업이 이어지고, 저녁에 중·고등반 수업으로 끝나는 야간학교였다. 학교에 오시는 분들은 발달장애인, 지체장애인, 정신장애인, 배움의 기회를 놓쳐 만학의 길을 걷는 비장애인 등이었다.

나는 사무와 초등반 수업을 맡았는데, 오전 11시쯤 출근해서 수업 내용을 준비했다. 점심을 먹고 학생들과 활동지원사들이 오면 인사를 나누고 자원교사들과 모둠을 나눠 수업을 진행했다. 수업을 마치고 나면 학생이나 활동지원사 또는 자원교사 상담이 기다리고 있을 때가 있었다. 이어지는 수업을 챙기며 상담도 하고 틈틈이 사무도 보았다. 학교에서는 수업 시간 이외에도 말을 많이 해야 했다. 쓰레기 분리수거 방법, 화장실 예절 등 소소한 것도 찬찬히 반복해서 설명할 일이 많았다. 이 또한 일상에 필요한 배움이기에 매우 중요하다고 생각한 일들이다.

1년 반 정도 활동했던 장애인평생교육기관은 지금까지 일하며 가장 말을 많이 했던 곳이자 마지막 일터다. 지금까지 활동하며 직접 마주치지 않았던 발달장애인 당사자의 삶에 조금 더 가까이 다가가는 시간이었다. 서로의 식사를 챙기고, 농담도 나누고, 힘들고 어려운 일이 닥치면 푸념도 하는 등 감정을 교류하는 즐거움을 느낄 수

모르

있었다.

　30대와 40대 초반까지, 10여 년 세월을 나는 노동자로 살았다. 출퇴근, 휴가, 실업급여, 퇴직금, 4대 보험 등 나와는 무관해 보였던 일들이 일상에 들어와 경험과 추억이 되었다. 노동자 지위를 유지하기 위해 부단히 배우고 익힌 날들이며 어쩌다 있던 휴일을 잠으로 채우기 급급했던 날들 또한 이제 즐거운 마음으로 돌아볼 수 있다.

　일에 파묻혔던 30대 중반, 활동가의 강도 높은 노동에 버거워하며 언제까지 이 일을 할 수 있을지를 고민하기 시작했다. 나의 경우 나이 마흔이면 몸의 나이로는 노년일 거라고 생각했다. 체력의 한계도 자주 찾아오고 뼈와 관절이 뻣뻣하게 굳어간다. 그래서 열심히 경제활동을 해서 안정된 노년을 준비해야 했다. 준비됐다고 생각한 시점은 아니지만, 무척이나 갈망했던 노동이 오히려 족쇄가 되어 나를 옥죄어 백기를 들고 말았다.

　백수가 되면 심심하게 살 줄 알았는데 그렇지 않았다. 내 하루 일상을 지원하기 위해 많게는 세 명의 활동지원사가 다녀간다. 즉 매일 손님을 맞이하는 일상이다. 활동지원사가 와서 씻고, 밥 먹고, 청소하고, 얘기도 나누다 보면 지루할 틈이 없다. 가족, 친구들과 만나는 시간도 늘어나 사람들과 함께하는 시간이 훨씬 많아졌다. 물에 젖은 솜처럼 무겁던 일상이 보송보송 잘 마른 솜같이 되어 가볍다. 내 앞에 놓인 남은 일상을 잘 유지하는 게 과제이자 일이다. 나는 이제 그것에 집중해보려 한다.

말과 글로 삶을 표현하는 힘

30대가 되어 장애의 원인과 병의 예후를 알게 되니 난제를 해결한 것 같았다. 서서히 또는 갑자기 몸이 둔해지거나 움직일 수 없게 되어도 '왜 이러지?' 하고 의아해하거나 두려움에 휩싸이지 않게 됐다. '이젠 이 동작이 안 되는 거구나' 하고 받아들일 수 있었다. 몸에서 일어나는 질병의 과정을 나이 듦의 과정으로 받아들여도 되지 않을까 하는 생각이 들었다. 어차피 장애의 흐름으로 사는 것과 별반 다르지 않기도 하고.

　나는 내 몸을 볼 때 별 감정을 담지 않는다. 사람들은 감정을 담아 내 몸을 보기 일쑤였고 그런 감정들 하나하나가 몸에 달라붙어 어지간히 나를 괴롭혔다. 진저리쳐지는 시간을 오롯이 혼자 견뎠다. 이제는 외면인지 무시인지 모르겠지만 무덤덤하다. 그래서 질병 때문이든 장애 때문이든 내 몸을 보는 시선과 편안히 마주할 수 있는 것 같다.

2016년 '질병과 함께 춤을: 잘 아프기 위해 필요한 몇 가지' 워크숍에 참여했고, '질병춤' 모임에 함께하게 됐다. 질병이 아니라 장애가 있는 삶으로 정체성을 구축하고 살았던 나는, 정작 모임에 참여하기로 해놓고도 걱정이 많았다. 무슨 말을 해야 할까, 내가 할 수 있는 이야기가 있을까, 어떤 얘기를 나눠야 할까…… 여러모로 막막한 심정이었다.

어릴 때부터 말수가 적다는 소리를 많이 들었다. 누군가 말을 시키지 않으면 온종일 먼저 입을 열어 말하는 일이 없는 편이었다. 말을 걸어와도 고갯짓으로 대신하거나, 짧게 대답할 뿐이었다. 그래서 심각하리만큼 입을 닫고 산다는, 어른들의 걱정을 심심치 않게 들었다. 말을 안 하니 무슨 생각을 하는지, 무엇을 원하는지를 알 수가 없어 답답하다며 어르는 소리나 야단을 들어도 말수는 늘지 않았다.

정상이라 말하는 몸과 '다른 몸'

말이란 게 생각과 느낌을 표현하고 전달하는 수단인데, 이런 행위가 쉽지 않았다. 어릴 적 걷지 못했던 나는 타인이 생각 없이 토해내는 말들을 들어왔다. 걸으려는 노력도 안 하고 우두커니 앉아서 부모·형제를 육체적, 심정적, 경제적으로 힘들게 하고 고생시키는 애물단지라고. 꾀가 말짱하면서 혼자서는 아무 일도 안 하려 한다는 비난과 질책을 듣기 일쑤였다. 그런 말들로 상처를 받아도 못 들은 척, 아무렇지도 않은 척할 수밖에 없었다. 할 말이 없기도 했겠지만, 내가 가진 장애로 더 위축돼서 그랬던 것 같다.

이런 내가 이 모임에서는 다른 사람이라도 된 듯이 살아온 이야기들을 주절주절 말할 수 있었다. 모임에 함께하는 사람들이 자신의 질병 경험과 인생사를 숨김없이 나누는 진솔함이 좋아서였다. 그래서 다 부질없다 치부했던 지나온 삶도 돌아보고 그때의 마음도 들여다보며 내 인생 이야기도 독백하듯 나눌 수 있었다. 함께 이야기하며 울고, 웃고, 응원하고, 지지하는 따스한 힘이 있는 공간이었다. 이 모임을 통해 말이나 글로 삶을 표현하는 힘을 얻을 수 있었다. 그저 고마울 따름이다.

4 나는 결코 사라지지 않는다

이혜정

병을 알게 되었을 때
나는 전혀 다른 세상에 놓일 나를 생각했다.
그러나 실제로 내게 닥친 것은
생소한 세상이 아니라 조금씩 사라져가는 시간이었다.
이제는 사라진 시간과 남은 시간의 관계에 대해 생각한다.
그리고 두 시간 사이에서 나의 자리를 찾고 있다.
서로의 속도에 맞춰 함께 살아갈 수 있는 우리를 위해서.

그날 이후, 모든 것이 달라졌다

2011년 11월의 어느 아침, 나는 손가락들이 퉁퉁 부었음을 발견했다. 침대에서 일어나려고 바닥을 디딘 손목이 아파 아악, 비명을 질렀다. 따뜻한 물에 담가보아도 손가락은 다 펴지지 않았다. 굽은 손으로 찾아간 병원에서는 류머티즘이라는 진단을 내렸다. 류머티즘. 의사의 말이 무슨 선언처럼 사무쳤다. 지금껏 한쪽 무릎이 아프거나 오랫동안 감기에 시달렸는데 이는 류머티즘의 전조 증상들이었다고 한다.

그로부터 두 달여가 지나서야 통증은 밤과 아침에 가장 심하다는 것을 깨달았다. 밤마다 손목을 부여잡고 신음하며 깨어났다. 수면제를 먹어도 소용없는 날들이 계속됐다. 밤의 끝자락에서 겨우 잠 한 줌을 부여잡게 되어도, 아침엔 땀에 흠뻑 젖은 몸으로 깨어났다. 밤이 오는 것이 두려워지고, 잠에서 깰 때 기지개를 켜는 일이 끔찍해졌다. 기지개를 켤 때마다 온몸 관절의 마디마디가 다 부서져 내리는 것 같았다. 문고리를 돌리기가 어려워져서 집 안의 모든 문을 열어두었다. 너무 아파서 변기 레버를 내릴 수 없는 아침에는 변기 뚜껑을 덮어두고 퇴근 후에 한꺼번에 물을 내렸다. 통증은 새벽에서 오전까지, 적지 않은 시간들을 내게서 빼앗아갔다. 이 모든 생활에 익숙해지기까지 몇 달이 걸렸다. 버스에서 흔들리면서도 손잡이를 잡기 어려운 현실이, 발가락 통증 때문에 세상이 자꾸만 기우뚱거리는 현실이 불쑥불쑥 솟아올랐다.

진단은 받았지만 정말로 류머티즘은 아닐지도 모른다는, 말도 안 되는 믿음을 가지고 하루하루를 버티기도 했다. 겨우 잠이 들고 밤새 악몽에 시달린 사람처럼 소스라치듯 잠을 깰 때마다 손목을, 손가락을 구부려보았다. 이 모든 것이 꿈이었으면 하는 바람은 관절을 구부릴 때마다 연한 관절을 찔러대는 듯한 통증으로 손목을 부여잡는 순간 무산되었다. 얼마나 많은 아침을 그렇게 울며

맞았는지 모르겠다.

　엄마 역시 내 병을 쉽게 받아들이지 못했다. 내가 지나가듯 "류머티즘이 아닐 수도 있다"고 한 말이 엄마의 발목을 잡았다. 엄마는 나의 완치를 바라며 매일 아침 기도를 하고 있다고 했다. 그러니 엄마에게 아침에 버릇처럼 기지개를 켜다가 끔찍한 고통으로 몸부림친다고, 발을 바닥에 디딜 때마다 뼈들이 으깨지는 느낌이어서 발을 오므리고 걷는다고, 문고리를 돌리기가 어려워져서 집 안의 모든 문을 열어둔다고, 아침에는 물을 내리지 못한 변기의 뚜껑을 닫아두고 출근한다고, 무엇보다 그처럼 말도 안 되는 믿음은 포기한 지 오래라고 말하지 못했다.

　바닥에 앉거나 일어날 때 통증으로 쩔쩔매는데 부모님이 알아차릴까 봐 거실에 나가 있지 못했다. 발가락 통증으로 발가락을 오므리고 걷는 모습을 보이지 않으려고 엄마가 잠들어 있거나 거실에 인기척이 없음을 확인하고서야 화장실에 갔다. 나는 가족들에게 내 통증을 숨기기 위해 필사적이었다. 내가 나으리라 믿고 있는 엄마의 믿음을 깨고 싶지 않았는지도 모른다. 몸이 변하고, 감각과 행동이 변하고, 마침내 나의 시간과 공간이 변하고 있었음에도 나는 그렇다는 말을 엄마에게 하지 못했다. 엄마는 스스로 지탱하기 버거운, 이토록 형편없는 나를 붙들고 살아가고 있었기 때문이다. 엄마는 야윈 내 몸을 붙들고 자꾸 울었다. 삶에 있어 내가 전부이며 내가 없으면 살 수 없다는 말을, 꼭 나을 거라는 말을 우는 엄마에게 듣는 것은 너무나 고통스러운 일이었다.

통증과 질병에 대해 가족뿐만 아니라 누구에게도 제대로 말하지 못했다. 비참해질 것 같아서였다. 진단을 받았을 때 어느 운동 단체에서 상근 활동가로 일하고 있었는데, 통증 때문에 현장에 갈 수 없다고 하자 한 선배가 "내 손톱 밑의 가시가 더 아픈 법"이라고 했다. 금세 원망스러운 마음이 차올랐다. 그때 선배에게 내가 얼마나 고통스러운 줄 아느냐고 말해주고 싶었다. 하지만 하지 못했다.

처음 만난 이에게 질병이 있다고 털어놓았다가 몸 관리를 잘하지 그랬냐는 핀잔을 들었을 때도, 억울한 마음이 들었지만 말을 삼켰다. 내가 걸레질을 할 수 없고, 계단을 오르내리기 어렵고, 바닥에 앉았다 일어날 때 손

이혜정

목과 무릎의 통증 때문에 애를 먹는다는 것을 설명하려고 병명을 이야기하자 소스라치던 사람들의 얼굴, 혹은 연민으로 가득한 눈빛을 보고는 나도 놀랐다. 그들은 류머티즘이라는 질병에 대한 고정된, 극단적인 이미지를 떠올렸을 테고, 나는 그들의 반응에서 나의 질병에 대한 낙인을 보았다. 이후 젊은 사람이 관절이 아프다고 푸념하면 "너 혹시 류머티즘 아니야?"라는 말을 농담처럼 사용한다는 것도 알게 되었다.

그런 경험이 반복되자 꼭 설명을 해주어야 할 때도 우물쭈물했다. 순간, 너무 많은 말들이 떠올랐다 사라졌다. 통증을 한순간만이라도 느끼지 않고 살아봤으면 하는 바람과 그것이 불가능한 현실에 대한 자각, 류머티즘 진단을 받은 날부터 달라진 애인의 눈빛과 태도, 이런 관계 속에서 마치 짐짝이 되어버린 듯한 나의 몸, 그리고 병이 낫지 않으면 애인의 폭력이 수그러들지 않으리란 사실을 깨달은 순간 느낀 절망을 낱낱이 설명할 자신이 없었다. 대화는 그렇게 '불가능'의 영역이 되어갔다.

나는 나의 몸을 없애고 싶었다

몸과의 관계도 그랬다. 나는 몸을 원망하고 혐오하게 되었고 때때로 몸의 고통을 모른 척하거나 외면하면서 몸과 나를 분리했다. 몸이 보내는 어떤 신호에도 그저 화를 내면서 무응답으로 일관했다. 무리한 일정을 수행한 다음 날에는 걷기도 힘든 무거운 몸을 끌어내다시피 하여 집을 나와야 했다. 그러면서 몸에게 도대체 왜 이러느냐고, 너 때문에 얼마나 힘든 줄 아느냐고 퍼부어댔다. 너무 화가 나서 하루가 멀다 하고 울어댔다. 나중에는 우는 내가 보기 싫어져서 혼자 있을 때도 웬만하면 울지 않았다. 급기야 이러한 고통과 번민을 없애는 유일한 방법은 몸을 없애는 것이라는 결론에 다다랐고 이를 실행했다.

죽음은, 문득 결심하게 되었다. 이상하게 들리겠지만 당시의 나는 자신을 지키기 위해 그런 결론에 도달한 듯하다. 신경정신과 약만으로는 나를 압도해버린 고통의 문제를 해결할 수 없었다. 스스로 목숨을 끊기 위해 수면제를 들고 한강으로 향했는데, 이것은 스스로 할 수 있는 일이 없다는 사실을 인정하고 받아들이는 과정이었다. 부인해도 사라지지 않고 아예 도망칠 수도 없는 것들을 없애는 유일한 방법이었다. 나는 감당하기 어려운 선을 이미 넘어버렸다 생각했고 문득, 채비를 하고 집을 나섰다. 여름이었고, 말로 다 표현할 수 없을 정도로 맑고 화창한 날이었다.

부모님은 나의 자살 시도에 큰 충격을 받았다. 엄마는 30킬로그램대까지 내려간 나의 체중을 되돌려놓기 위해 하루 종일 나를 식탁에 불러 앉혔다. 내가 또 자살 시도를 할까 봐 집에 있는 내내 같은 방에서 잤다. 엄마에게 통증을 앓고 있음을 들킬까 봐 전전긍긍했음에도 불구하고, 엄마는 자다 말고 일어나 손목을 부여잡고 신음을 죽이고 있는 나를 몇 번이나 발견했다. 엄마는 그때마다 여러 차례 어찌해야 하는지를 물었지만 나도 무엇을 어찌해야 하는지를 몰랐기 때문에 아무런 대답도 하지 못했다.

나의 자살 시도는 엄마에게 트라우마를 안겼다. 엄마는 매일같이 나의 생사를 확인하기 위해 문자를 넣었고, 답을 깜빡 잊은 날엔 전화기로 엄마의 울음소리를 들어야 했다.

기억은 군데군데 지워졌지만, 나는 지금 살아 있다.

나는 몸을 없애려 해놓고도 몸에 어떠한 미안함도 느끼지 않았다. 그래서 살아남은 나는 몸과 오랫동안 화해하지 못했다. 나는 죽음을 시도했던 시간에서 자꾸만 멀어지고 있다. 단지 잊는 것으로 그 시간과 멀어지고 싶지는 않다. 나 자신과 화해하면, 비로소 과거 일이 될 수 있을 것 같다.

질병이 찾아오고 나서 나를 둘러싼 관계들이 모두 조금씩 비틀렸다. 나는 예전 그대로인데, 단지 질병이 생겼다는 이유로 모든 것이 달라지고 있었다. 질병을 받아들이는 일뿐만 아니라, 다른 이들에게 설명하는 데도 많은 노력과 에너지가 필요했다. 때로는 설명해도 있는 그대로 받아들여지지 않았으며, 그런 일이 반복되자 나도 지쳐갔다. 두려움 때문에 대화를 나누지 않고 나를 잘 감추는 방법을 배우게 되었다. 나조차도 모른 척했다. 그럴수록 세계는 점차 좁아져갔다. 현실을 외면하고 싶기도 했다.

질병과 함께 살아가기란 쉬운 일이 아니다. 질병이 없던 삶과도 확연히 달라진다. 병에 걸린 후 일상을 유지하기 위해 상상했던 것보다 훨씬 더 많은 에너지와 노력,

시간을 들여야 했다. 전에는 그런 일상을 전혀 알지 못했다. 질병이 없는 이들은, 일상을 유지하는 데 얼마나 많은 에너지와 시간을 들여야 하는지 이해하기가 쉽지 않다는 것을 나는 안다. 지금도 질병 이전의 일상이 어땠는지 잘 기억나지 않는다. 매 순간 시간이 절대적으로 부족하다는 것을 느낀다. 내가 관계를 맺는 데 들이는 에너지들이 조금만 줄어들어도 숨통이 트일 것 같다는 생각을 자주 한다. 그런 관계들을 기대하며 나는 앞으로도 계속 질병 이야기를 할 것이다. 우리는 언제쯤 그런 관계를 맺고 살아갈 수 있을까.

삶을 지키기 위해
죽음을 선택하는 이가 없도록

2017년 여름, 전 애인과의 기나긴 법적 소송을 끝냈다. 애인은 나에게 질병이 발생하기 1년 전에 만난 사람인데, 병을 앓는 몇 년 동안 폭력을 행사했다. 애인의 폭력은 내가 '류머티즘'이라는 진단을 받은 날부터 걷잡을 수 없이 심해졌다.

멈추지 않는 애인의 폭력과 없어지지 않는 통증 가운데서 절망하던 나에게 고통을 없애는 유일한 방법은 나의 몸을 없애는 것이었다. 통증도, 애인의 폭력도, 내가 도저히 어쩌지 못하는 문제들이었다. 30킬로그램대의 몸이 다량의 수면제를 이겨내지 못해 정신을 잃었고, 나는 그렇게 살아남았다. 이후 폭로와 소송이라는 기나긴 과정을 거치고 나서야 비참한 시간에서 어느 정도 벗어날 수 있었다.

나는 성폭력 사건을 해결하는 과정에서 애인을 만났다. 가해자는 조직 내 상급자이자 선임이었다. 나는 조직을 위해 그의 주거침입 시도와 지속된 추행을 주요 사업이 마무리될 때까지 함구했지만, 가해자에 대한 징계를 조직에 요청함과 동시에 몇몇 간부는 내게 전쟁을 선포했다. 내가 당한 성폭력 사건의 경우도 운동 사회 내 성폭력 사건 해결의 전형에 가까운 방식으로 진행되었다.

'해일이 이는데 조개나 줍고 있다'는 말이 함축하듯이 운동 사회 내 여성들의 성폭력 피해는 한낱 조개로 치부되어 해변에 사장되어왔다. 남성들은 '대의'를 위해 함께한 여성들을 한낱 성적 육체, 남성의 애인으로 취급해 운동 사회에서 배제하고 여성들이 겪은 성폭력을 별 것 아닌 일로 간주하며 운동을 방해하는 '마녀'들을 만들었다. 운동 사회의 남성중심성은 이렇듯 여성 운동가들을 의도적으로 탈락시켜온 역사에서 비롯된 것이다. 나 역시 온갖 종류의 피해를 경험했다. 가해자가 징계를 받았지만 나는 마음이 만신창이가 되어 얼마 후 조직을 탈퇴

하였다.

　애인은 당시 나를 돕겠다고 나선 사람 중 하나였다. 그는 폭력적인 사람이었다. 그의 폭력성은 처음에는 나를 추행한 가해자들을 향하더니, 사건이 장기화되자 점차 나를 향하기 시작했다. 애인이 된 지 얼마 안 되었을 때 폭력 행위를 저지른 후 자신을 비하하면서까지 내게 사과하던 그에게 나는 연민을 느꼈다. 자신의 폭력이 오랜 운동 경험에서 쌓인 상처에서 비롯된 것이라는 해명을 믿었다. 나는 그와 헤어질 시기를 연민 때문에 놓쳤다.

　나는 하루에 열두 번도 더 그에게 분노와 공포를 번갈아 느꼈고, 온몸의 피가 다 타서 증발하는 것 같았다. 언제부터였을까. 연민과 분노 사이를 오르내리면서 몸은 마침내 스스로를 죽이기 시작했다. 나는 그처럼 끔찍하고도 반복된 성폭력, 데이트 폭력 경험들이 나를 질병으로 내몰았다고 믿는다.

　류머티즘은 자가면역 질환이다. 내 면역세포가 나를 공격하는 것이다. 막다른 골목에 몰려 내가 나를 없애려고 했듯이 나의 몸은 내 안에서 나를 죽이고 있었다. 의사는 자가면역 질환이 원인 불명이라고 설명했다. 나의 경험들과 질병의 인과관계를 확신하기 어렵다는 것이다. 원인 불명은 원인이 명확하지 않다는 말이지, 원인이 없다는 말이 아니다.

나는 나와 같은 질병, 혹은 유사한 질병을 앓는 사람들을 많이 만났다. 신체 부위가 다를 뿐, 면역세포가 자신을 공격하는 병을 앓고 있었고, 여성들의 경우 대개 극심한 스트레스를 경험한 후에 그런 진단을 받았다고 했다. 나는 그런 이야기들을 들으며, 폭력적인 경험에 맞닥뜨렸을 때 상대를 해하기보다 자신을 해하는 여성들 이야기들이 떠올랐고 이는 자연스럽게 자가면역 질환의 기전과 겹쳐졌다.

환우회 카페에서도 비슷한 경험을 한 여성들을 만날 수 있었다. 모두 극심한 스트레스를 경험한 후에 류머티즘 진단을 받았다고 했다. 극심한 스트레스 경험 중 성폭력 피해 경험도 있을 것이다. 내가 반복된 성폭력 경험을 '스트레스 경험'이라고 카페 게시판에 적었던 것처럼 그녀들도 그런 경험들을 다 털어놓기는 어려웠을 터다. 조한진희의 《아파도 미안하지 않습니다》에 따르면, 성폭력과 데이트 폭력 피해 경험과 질병의 인과관계에 대해 "성폭력 피해자의 피해 경험을 '영원히 씻을 수 없는 상처'로 인식하고 피해자다움을 강요하는 사회가 피해자들로 하여금 그 경험과 함께 살아가기 어렵게 만든다." 나의 경우도 그러했다. 일부는 자신을 비관하거나 탓하면서 자살 충동에 시달리고 있었다. 성폭력 피해를 입은 여성들이 자신에 대한 비난을 내면화하듯, 자기를 공격하는 과정은 면역 질환의 증상과 닮았다.

환우회 카페에서는 정상가족 내의 여성들이 류머티즘을 진단받은 후에 남편에게 다양한 종류의 폭력을 당하고, 자신의 통증이나 질병 증상을 호소해도 가족들에게 묵살당하기도 하며, 직장에서 어려움을 겪는다는 사연을 볼 수 있었다. 가사노동이나 육아 역시 질병이 있다고 해서 면제되지 않았다. 질병과, 질병으로 인해 더해지는 일상의 무게에 이르기까지, 모든 것을 고스란히 감당하면서 살아야 할 때 질병은 여성들에게 너무나 무거운 짐이 되고 마는 것이다.

누구나 삶의 어느 순간 질병을 만날 수 있다

애인과 송사를 하는 2년간, 그처럼 엄청난 지옥을 지나 오면서 나의 최대 목표는 죽지 않고 일상을 유지하는 것 이었다. 나는 끝끝내 살아남아 그 사람과 벌인 싸움을 끝 내고 싶었다. 다 인지하기도 어려운 온갖 고통에 둘러싸 여 나를 죽이고 싶다는 충동을 누르고 살아남아야 한다 는 의지를 지켜내기란 쉬운 일이 아니었다. 통증은 날이 갈수록 심해졌고, 시공간은 점점 더 축소되었다. 당시에 는 자신을 지탱하지 못할까 봐 고통을 들여다보는 것조 차 두려워했다.

집으로 들어가기가 두려워 집 앞 횡단보도 근처를 한없이 배회하기도 했다. 횡단보도로 향하는 도중에 공황 발작을 자주 경험했다. 그때는 몰랐지만, 당시 경험한 공 포의 정체는 집으로 들어가면 고통을 못 이겨 마침내는 내가 나를 죽일지도 모른다는 두려움이었던 것 같다.

또 가해자가 나를 죽이려고 집 앞 도로변에 차를 대 고 기다리거나 흉기를 들고 건물 입구에서 기다릴지도 모른다는 공포도 나를 괴롭혔다. 그런 상황을 상정하고 죽어가는 순간에도 정신을 차려 녹음기를 켜거나 경찰에 신고하기 위해서 자주 연습했다. 가끔 위기 상황에 112 버튼이 눌러지지 않아 애먹는 꿈을 꾸다가 잠을 깨기도 했다.

일상에서 잠이 들기 위해 애쓰는 시간과 공황에 시달리는 시간, 불안과 싸우는 시간, 내가 어딘가에서 갑자기 죽임을 당하지 않고 죽지도 않을 거란 사실을 자신에게 인지시키는 시간, 무엇보다 통증과 우울이 범벅된 나를 포기하지 않기 위해 애쓰는 시간이 점점 늘어갔다.

죽음은 당시의 나에게 수많은 형태로 나타난 공포의 원인이자 거의 유일한 화두였다. 자살 시도에 실패한 후 나는 자살 충동에서 벗어나기 위해 발버둥 쳤다. 이 모든 괴로움이 언젠가는 끝날 것이라고 되뇌면서도 사실은 절대 끝나지 않을 거라고 믿었다.

질병은 빠른 속도로 진행되었고, 열이 올라 아침저녁으로 체온을 재야 했으며(의사는 열이 39도 이상 오르거나 통증이 심해지면 응급실로 오라고 했다), 관절들은 늘 벌겋게 부어 있었다. 재판을 기다리던 어느 여름엔 손쓸 새도 없이 양쪽 팔꿈치가 조금 다른 각도로 굽어버렸다. 이런 나를 가족들에게 보이기가 두려워 나는 2년 동안 집에 내려

가지 않았다.

마침내 끝날 것 같지 않던 소송이 끝나자, 나를 기다리던 할머니가 문득 돌아가셨다. 기나긴 고통의 여정에서 잠시 벗어나자마자 극진히 사랑하던 이의 죽음과 맞닥뜨렸다. 죽음은 고통을 해결하는 방식도 무엇도 아닌 그저 사라지는 것이었다. 할머니의 죽음으로 인해 나의 자살 충동은 사라졌다. 너무도 갈망하던 것이 사랑하는 이의 죽음으로 닥치자 비로소 나의 죽음도 수많은 3인칭의 죽음을 보듯 한 발 멀어졌다. 황량한 현실에 발바닥을 붙이고 맨몸뚱이로 서 있는 나를 생생히 자각하게 되었다. 나는 질병과 트라우마를 가진 여성 활동가다. 그리고 영영 할머니를 만날 수 없다. 이 현실을 온전히 인정하는 데서 다시 출발해야 했다. 그런 이야기를 하면서 상담 선생님 앞에서 많이 울었다.

나의 몸은 이제 '낫는다'는 단어가 적용되지 않는다. 질병이 없는 몸에는 이제 도달할 수 없다. 성폭력 경험과 데이트 폭력 경험이 없었던 나로 돌아갈 수 없듯이.

나는 타인들에게 내가 낫기 어려운 질병을 앓고 있고, 성폭력 피해 경험이 내 질병에 영향을 미쳤으며, 트라

우마와 질병 때문에 고통스럽지만 이 모든 것과 함께하는 존재가 나임을 설명하고 또 설명했다. 나는 이것들을 과거로 흘려보내고 현재를 살아가고 싶다고 설명했다. 또한 이것들을 극복하지 못했으나 이는 나의 나약함 때문이 아니며, 극복하기 위해서가 아니라 지금의 나로 온전히 살아가기 위해 온갖 노력을 경주하고 있다고도 이야기했다.

《아파도 미안하지 않습니다》는 "우리는 누구나 삶의 어느 순간 질병을 만날 수 있다"고 말한다. 이 모든 고통과 더불어 살아가는 것이 삶임을, 그것이 "실패한 삶이 아니며 누구에게든 찾아올 수 있는 삶"임을, "그 삶을 살아낼 수 있도록 서로가 함께 애써야 함"을 우리 모두 인정해야 한다.

질병을 가진 몸으로도 온전히 살아갈 수 있도록, 불가능한 것을 붙들고 좌절하지 않도록 사회 구성원 모두가 노력해야 한다. 어느 날 문득, 누군가가 자기를 지켜내기 위해 죽음을 선택하지 않도록 말이다.

아프다는 걸 의심받지 않으면서 일할 수 있을까

질병이 찾아와 도저히 통증을 견디지 못하게 되자 나는 6개월 병가를 냈고, 4개월을 꼬박 침대에서 보냈다. 당시 5층짜리 빌라의 2층에 살았는데, 계단을 내려가지 못해 애인이 집으로 오기 전에는 외출은 꿈도 꾸지 못했다. 4개월간 지옥을 경험했다. 아무도 없는 집에서 내 울음소리만이 방 안에 울려 퍼지는 경험을 해본 사람들은 알 것이다. 적막이 얼마나 공포스러운지를.

어느 날 아침, 매일 밤 나를 벌떡벌떡 일어나게 했던 손목과 발목 통증이 현저히 줄어들었음을 느꼈다. 나는 다음 날 사무실로 전화해 복귀하겠다고 말했다. 통증과 씨름하느라 매일같이 침대에 누워 지낸 터라 살아 있다

225

나는 결코 사라지지 않는다

는 사실을 활동을 통해 자각하고 싶었다. 당시의 내게는 실로 절박한 일이었다.

내가 진행하던 사업 중에 르포 쓰기 강좌가 있었다. 비정규직 노동자들이 자기 삶과 노동을 글로 쓰고 발표하는 과정을 통해 자신의 이야기를 할 수 있도록 기획한 사업이었다. 나는 내게 찾아온 몇 개월의 일상 변화를 글로 썼다. 일상 변화를 글로 쓰기가 두려웠는데 한 글자 한 글자 쓰다 보니 의외로 아무렇지도 않아서 스스로 놀랄 정도였다. 한 사람씩 돌아가며 글을 읽었는데, 내 차례가 되어 글을 읽으려니 울음이 구역질처럼 올라와서 도저히 글을 읽을 수가 없었다. 당시 내 상급자는 내 얘기를 가만히 듣고, 농담처럼 이렇게 말했다.

"그렇게 힘든 줄 몰랐어요. 문고리를 돌릴 수가 없어서 문을 열어놓고 살았다니. 저는 처음에 아프다고 해서 꾀병인 줄 알았거든요."

몇 사람이 웃음을 터뜨렸다.

류머티즘이라는 질병은 처음에는 외관상으로 확인되지 않는다. 면역체계에 이상이 생겨 나의 면역세포들이 관절세포를 공격하면서 관절에 지속적으로 염증을 일으킨다. 염증은 관절의 연골을 점차 파괴하고, 이 과정에서 고열과 극심한 통증이 발생한다. 흔히 사람들은 심하게 뒤틀리고 변형된 관절 사진으로 류머티즘이라는 질병을 처음 접한다. 질병의 진행과 양상도 모른 채 류머티즘은 그저 무서운 질병이라는 선입견을 얻는다. 나의 동료들도 그랬을 것이다. 자신들이 얻을 수 있는 나의 질병에 대한 정보와 겉으로 보이는 나의 몸 상태가 달라서 나의 질병이 거짓일지도 모른다고 생각했을 것이다.

사실 그것의 이름이 꾀병이건 다른 무엇이건 간에 누구보다 질병이 거짓이길 바랐던 사람은 나였다. 아침마다 거짓말처럼 질병 전의 몸으로 돌아가 있기를 바라면서 눈을 떴으니 말이다. 온몸의 관절에서 염증이 생겨 사람들이 내 주변에 오면 열감을 느낄 정도였다. 그러나 통증은 내게만 선명하고 생생한 상흔이었다. 너무나 벗어나고 싶어 죽음을 생각할 정도로 고통스런 통증이 존재한다는 것을 미처 몰랐다. 사실 그런 통증은 경험하기 전에는 상상하기 쉽지 않다. 나 역시 그랬으니까. 통증들을 통해 몸 구석구석 관절들의 존재를 생생하고 분명히 자각하게 되었다.

나는 결코 사라지지 않는다

질병 진단을 받을 당시 폭력을 자행하는 애인과의 끔찍한 관계를 끝내고 온 생에 지쳐 있었기에 나는 퇴직하겠다고 말했다. 이후 2년을 꼬박 쉬면서 하루하루 일상을 유지하고 버티는 데 온 힘을 기울였다. 치료에 쓰는 돈을 제외하고 극단적으로 소비를 하지 않고 살았지만, 간간이 들어오는 아르바이트 수입만으로는 도저히 생계를 유지할 수 없었다. 마침 당시 페미니즘 모임에서 알게 된 단체에서 반상근 일자리를 제안했다. 나는 선뜻 일을 하겠노라고 했다. 그 사람은 나의 질병도 질병의 양상도 잘 아는 사람이었다. 오전 시간을 쓰기 어려워, 정오부터 밤 9시까지 일을 하기로 했다.

타인은 알 수 없는 나만의 지옥

사회운동을 하는 많은 활동가들은 노동권과 건강권보다는 희생과 열정을 강요하는 시스템 속에서 육체적·심리적 건강을 잃는다. 건강에 문제가 생기면 구조적인 문제와 대안을 고민하는 대신 몸관리를 하지 못한 개인을 탓하는 분위기가 형성되어 있는 것도 사실이다. 그 단체 내에서도 나의 건강 상태는 당연히 고려되지 않았다. 하지만 나는 내 몸 상태가 일을 하는 데 지장이 없음을 보여주려고 몸에 무리가 되는 줄 알면서도 일을 했다. 매일같이 마지막 버스를 타고 집으로 돌아왔으며 집에 도착하면 새벽 1시가 다 되어 있었다. 휴식은커녕 잠자는 시간을 확보하기 위해 애쓰는 나날들이 계속되었다. 그런 일정들은 너무나 당연하게도 몸에 타격을 주었다.

어느 토요일, 눈을 뜨자 무릎이 묵직한 느낌이 들었다. 다리를 절면서 나갈 채비를 했다. 신발을 신고 한쪽 다리를 바닥에 끌면서 건물 바깥으로 나갔다. 인도에 있는 낮은 턱을 마주하면서 출근이 어렵다는 사실을 직감했다. 낮은 턱을 내려가면서 통증 때문에 식은땀을 흘렸다. 이런 상태로 버스 계단을 오르는 것은 너무도 위험한 일이었다. 일터에 전화를 했다. 나의 상태를 설명하자 상급자는 흔쾌히 그럼 오늘은 쉬라고 했다. 외출이 불가능하니, 먹을 것을 사기 위해 버스정류장 근처의 슈퍼에 들렀다. 평소엔 걸어서 10분도 안 걸리는 슈퍼까지 가는 데 40분이 소요되었다. 그동안 상급자는 여섯 통의 전화를 했다. 전화를 할 때마다 내가 어디 있는지를 물었다. 내

위치를 설명하면서 내가 의심을 받고 있음을 알 수 있었다. 그 사람은 이해하기 어려웠겠지만, 나는 슈퍼에 도달하기 위해 통증이 심한 한쪽 다리를 조금씩 이동시키면서 40분이나 걸었다. 상급자는 급기야 이렇게 말했다.

"아픈 거 맞아?"

나의 질병과 통증에 대해, 쉬지 못하면 악화되는 몸 상태에 대해 수도 없이 설명했는데도, 시간이 지나자 그들은 점차 잊었다. 통증은 타인이 확인할 수 없는 당사자만의 지옥이다. 그들에게 보이지 않는 나의 지옥을 확인시켜야 할 때마다 나는 좀 비참해진다.

몸 상태가 안 좋아 일의 진행 속도가 현저히 느려지거나, 업무의 양이 영향을 받을 때마다 나는 다시 앵무새처럼 동료나 상사에게 내 상태를 재차 설명한다. 일부는 받아들여지지만, 일부는 받아들여지지 않거나 의심받는다. 질병의 회복을 위해 '건강 좀 챙겨라' '먹는 것에 신경을 써라'와 같은, 다양한 방식으로 애쓰라는 말들이 등장한다. 질병에서 벗어나지 못하고 있는 것이, 건강에 소홀하거나 나태한 생활 태도 때문이라는 질책이 쏟아질 때도 있다.

이혜정

그럴 때마다 나와 같은 질병을 앓았다가 정확히 확인되지 않는 이유로 나았다는 '누군가'가 등장한다. 류머티즘은 현재까지도 치료제가 없다. 나았다는 '누군가'들이 질병에서 벗어났으니 정말 다행이지만, 누구나 그러한 행운을 누릴 수는 없을 터다. 하지만 질병에서 벗어나지 못하는 것은 고스란히 개인 책임으로 돌아왔다. 물론 그들이 온전히 질책 삼아 그런 말들을 하진 않았을 것이다. 정말로 내가 질병에서 벗어나길 바라며 걱정이 돼서 그렇게 말했을 수도 있다. 하지만 건강을 회복하는 것이 불가능의 영역인 이들에게는 그런 말들이 또 하나의 강요로 다가오게 된다.

불가능한 회복에 대해 말하기보다는, 질병이 있는 몸에 맞는 업무의 양과 속도를 의논하는 것이 더 상식에 부합하지 않을까. '건강한 몸'으로 회귀할 것을 강요하는 대신, 일하는 사람이 자기 몸의 상태와 변화를 자연스럽게 말할 수 있고, 그것이 반영되는 구조를 만드는 데 애써야 한다. 질병을 앓는 이들이 몸 상태에 대해 말하는 것이 '배려'나 '시혜'를 구하는 것처럼 느껴지지 않아야 한다. 몸 상태에 걸맞은 노동을 할 '권리'를 주장할 수 있어야 한다.

속도와 경쟁이 최고의 기준인 이 사회에서 질병 없는 '건강한 몸'이 수행할 수 있는 업무의 양과 속도를 도저히 따라갈 수 없거니와, 질병에서 벗어나지 못하는 것이 나태함 때문이라는 사회적 인식 속에서 나는 늘 도태되는 느낌을 받았다. 그리고 실제로 도태되었다. 질병을 앓기 전에는 활동가로, 글 쓰는 노동자로 사는 데 아무런 문제를 느끼지 못했다. 그러나 '질병인'이 된 이후 활동을 하기 위해 글을 쓰는 것을 포기해야 했다. 질병을 가진 몸으로는 한 가지 일만을 수행하기에도 벅찼다. 글 쓰는 속도가 점차 느려지거나 업무를 완료하는 시점이 점차 늦추어졌다. 하루 24시간이 모자란 느낌이었다. 업무의 속도와 양이 조정되지 않았기 때문에 나는 결국 둘 중 하나는 말끔히 포기해야 했다. 글 쓰는 노동자로 살아온 나의 경력은 그렇게 단절되었다. 이 역시도 나의 자의적 선택이아닌 일종의 사회적 강요의 결과였다.

아픈 몸으로 노동하는 과정에서 어떤 것을 포기해야하거나 불가능한 것들을 강요받으면서 좌절하지 않도록 우리의 노동 환경을 바꾸어야 한다. 누구나 자신의 몸 상태에 맞게 노동할 수 있는 구조를 만들어가야 한다. 질병인이든 장애인이든 이러한 환경이 갖추어진다면 누구나 노동할 수 있다. 질병 때문에 장애 때문에 노동을 할 수 없다는 판정을 내리고 배제하는 것은 낙인과 차별에 다름 아니다. 누구든 삶의 어느 시점에서 질병에 걸릴 수 있다. 이는 질병인들만의 이야기가 아니라 우리 모두의 이야기다.

원인도 없고 치료약도 없는

류머티즘 관절염은 치료약이 없다. 질병 진단을 받은 지 6년쯤 되던 해 알게 된 사실이다. 나는 가끔 의사가 권하던 100만 원짜리 주사약이 내가 선택하지 못하는 선택지일 뿐, 치료약이 없을 거라고 생각하진 않았다. 한번은 의사가 저소득층에게 주사약 비용을 지원해주는 프로그램을 알려주었는데, 보건소, 구청 등을 전전한 끝에 결국 내가 받을 수 있는 혜택이 없음을 알게 되었다.

내 질병의 진단명은 '혈청 음성 류머티즘 관절염'이다. 전체 류머티즘 관절염 환자의 20퍼센트가 이에 해당되고, 질병의 양상과 진행 과정도 '양성 류머티즘 관절염'과 동일하지만 단지 류머티즘 인자가 없다는 이유로 국가 지원 대상에서 제외된다. 대한류마티스학회에서도 이 진단의 문제점을 알고 있고, 이 문제점을 해결해달라는 내용의 국민청원도 여러 번 있었지만 현재까지 바로잡히지 않고 있다. 아무런 지원도 받지 못한다는 것을 알게 되었음에도 나는 주사를 맞기로 결심했다. 한 달 주사 비용만 100만 원이었고, 주사를 맞기 위해 하루를 입원해야 했기 때문에 수십만 원의 입원비가 추가되었다. 감당하기 어려웠지만 장기 치료에 지쳐 있던 터라 완치만 된다면 빚을 내서라도 맞고 싶다는 생각이 들었다. 그 정도로 단단히 각오하고 받는 치료이니만큼 입원 날짜를 잡던 날 담당 의사에게 다시 한 번 확인차 질문하였다.

"이 주사가 치료제가 맞는 거죠?"

의사가 대답했다.

"현재 류머티즘에는 치료제가 없어요. 그러나 이 주사는 염증을 가라앉히는 효과가 다른 약들보다 높아요."

나는 그날을 잊을 수가 없다. 6년 동안 의사는 단 한 번도 그런 설명을 해준 적이 없었다. 치료 주사에 걸었던 한 가닥 희망이 그날 산산이 부서져 내렸다.

의사들은 대개 질병과 약에 대한 정보를 환자에게

상세히 공개하지 않는다. 질문받기를 싫어하는 의사들도 많다. 몇 년째 질병에 시달리는 이들과 이야기를 나누다 보면 이러한 고민으로 병원을 옮기고 싶다는 이야기를 심심찮게 듣게 된다. 치료 효과보다 질병의 호소를 상세히 들어주는 것만으로 추천을 받는 병원들도 있다. 질문을 하지 못하게 하거나 원천봉쇄하는 의사들에 비해 내 담당 의사는 상당히 온화한 사람이었다. 질문에 답을 해주려고 노력했으며, 나의 경제적 사정을 알고 치료제를 지원하는 행사가 있으면 알려주기도 했다. 통증이 극심해질 때마다 응급실로 와서 자기 이름을 대고 입원하라고 권하기도 했다. 그럼에도 불구하고 나는 그런 선택지들을 선택할 수 없었다. 모든 제안에는 비용이 발생하고, 나는 비용을 댈 수 없었기 때문이다. 그는 선의로 내게 제안했을 것이다. 다만 나의 실제 형편과 그가 짐작하는 나의 가난의 정도가 달랐을 뿐이다.

일부러 치료제가 없다는 이야기를 하지 않았을 리는 없을 것이다. 아마도 의료계의 관행이리라. 환자에게 충분한 정보를 주는 것이 의사 입장에서는 불필요하다고 여길 수도 있다. 사실 의사가 알려준 제약 회사의 지원은 금액 면에서 내게 크게 도움이 되지 않는 수준이었다. 주사 비용만 한 달 100만 원이 넘고 입원비로 약 50만을 더 내야 하는데 지원금은 고작 20만 원 정도에 불과했다. 이 돈을 지원받기 위해 내 가난을 증명하려고 동사무소며 보건소를 며칠 동안 뛰어다녔다. 결국 그렇게 비싼 약이 치료제도 아니라는 사실을 알고는 주사를 맞지 않았다. 결과적으로 주사를 맞을 이유가 없어진 것이다.

스트레스는 왜 '원인'이 되지 못하는가

처음 진단을 받았을 때 나는 이 병에 대해 자세히 알지 못했다. 나 역시 류머티즘에 대한 선입견으로 가득한 정보들을 접하여 공포가 앞섰다. 질병을 인정하는 데도 시간이 많이 소요되었다. 대학병원에는 늘 대기자가 많았고, 두 시간을 대기해 5~10분 진료를 받고 나오면서 늘 녹초가 되었다. 갈 때마다 지옥 같았던 일상의 통증들과 증상들을 하나하나 기억하고 짧은 시간 동안 빠짐없이 이야기하려고 노력했지만 의사는 내가 기대하는 답변을 해주지 않았다. 의사는 통증에 대한 호소에 따라 약의 용량을 점점 더 높여주었는데, 심할 때는 그런 약으로도 통증이 전혀 잡히지 않았다.

의사가 처방해준 약은 하루 중 다섯 시간 정도 통증을 줄여주는 것이 고작이었다. 체중이 줄었고, 얼굴은 눈에 띄게 부었다. 통증으로 인한 불면을 호소하자 의사는 추가로 수면제를 처방했다. 스테로이드제를 최대치로 쓰다 보니 얼굴 부종과 소화불량 등의 부작용에 시달렸다. 류머티즘은 면역질환의 일종이어서 면역억제제를 복용해야 했다. 내가 복용하는 면역억제제는 항암제의 일종이다. 일주일에 한 번 그 약을 먹기 시작하자 두통이 생기고 욕지기가 치밀었다. 목도 자주 말랐다. 수면제는 가끔 기억을 앗아갔다. 수면제를 먹은 직후의 기억들이 자주 소멸되었다.

나는 약의 작용과 부작용을 설명해주는 사이트들에 자주 접속했다. 그리고 진료 때마다 약의 부작용에 대해 반복해서 물었다. 의사는 부작용이 있다는 사실을 계속 부인했다. 그렇다면 내가 겪은 증상들은 다 무엇이냐고 따져 물었다. 그러자 의사는 보고된 부작용은 아니지만 정 힘들면 약을 바꿔주겠다면서 또 다른 약의 보고된 부작용을 하나하나 읊어주었다. 나는 약을 바꾸지 않았다.

류머티즘 관절염은 장애 진단이 가능한 질병이다. 또한 진료비 부담이 크고 평균 치료 기간이 길어서 본인 부담 치료비를 경감시켜주는 '산정특례'에 해당되는 질병이기도 하다. 산정특례자가 되면, 치료비의 10퍼센트만 내도 되지만 나는 여기에 해당되지 않는다. 양성과 음성 류머티즘 모두 병의 증상이나 진행 과정, 속도 등은 동일하다. 그럼에도 양성 환자들은 산정특례 대상자로서 의료비를 국가에서 지원받을 수 있지만, 음성 환자들은 해당 사항이 없다.

담당 의사는 이와 같은 진단법이 잘못되었다고 말했다. 그런데도 왜 바뀌지 않느냐고 너무 부당하다고 이야기했더니 자신도 그렇게 생각한다고 말했다. 류머티즘 학회에서는 10여 년 전부터 이와 같은 진단법을 바꾸려 하고 있지만, 시스템이란 것이 그리 쉽게 바뀌지 않는다는 것이다. 그러고는 조금 더 기다리면 의료비 지원을 받을 수 있게 될 거라고 덧붙였다. 하지만 그 말을 들은 지 10년이 지났음에도 이 말도 안 되는 진단 기준과 지원 체제는 전혀 바뀌지 않았다. 질병은 한 가지인데 의료계의 일방적인 기준으로 인해 국가가 이 질병을 인지하는 정도가 달라지는 것이다.

의사는 내 몸에 생긴 병을 진단하고 치료 과정을 통제한다. 하지만 매뉴얼 바깥에 있다는 이유로 나의 경험이나 고통은 모두 무시되었다. 내가 매일 경험하는 것들임에도 그랬다. 이를테면, 질병의 진행 속도를 늦추거나 통증을 완화시키기 위해 처방받은 약을 복용한 뒤로 온몸에 물을 뿌린 것처럼 땀이 맺히거나 심장이 두근거리는 증상이 나타났는데, 의사는 약 복용하고는 무관한 증상들이라며 선을 그었다. 류머티즘과도 관계가 없다면서 다른 '과'를 안내해주었는데 그곳에서 온갖 검사를 하고도 진단명을 알아내지 못했다. 이러한 나의 경험들을 두고 의사가 '내 매뉴얼에는 없다'고 선언하자 그것은 원인 없는 증상이 되어버렸다.

정보가 없는 환자는 정보를 가진 의사의 말을 따를 수밖에 없다. 통증이 심해지거나, 약을 먹은 후에 알 수 없는 증상들이 발생해도 구체적으로 묻고 따지기 어려우니 의사 말에 의존할 수밖에 없다. 권력은 정보의 불균형과 발언권의 차이에서 발생한다. 질병인들은 자신의 질병과 증상, 원인에 대해 정확한 정보를 제공받아야 한다. 또한 의료 전문가들은 질병인들이 질병을 앓는 과정에서 겪는 경험들을 수용할 준비가 되어 있어야 한다.

류머티즘은 공식적으로 원인이 명확하지 않은 질병이다. 나는 극심한 스트레스, 폭력에 노출된 경험 때문에 질병에 걸렸다고 여기는 여성들의 다양한 이야기를 접했지만, 정작 의료계에서는 류머티즘을 '원인 없는 병'으로 규정할 뿐 여성들의 스트레스 경험들을 '원인'에 포함하려는 시도는 하지 않는다. 류머티즘은 여성 질환자 수가 남성 질환자 수의 세 배이다. 면역질환이 여성들에게 많이 나타나는데, 여성이 겪는 차별이나 폭력 등의 경험을 중심으로 재해석해볼 필요가 있다. 의사들은 여성 면역질환자들에게 "예민한 사람들에게 발병하는 경우가 많아요" "스트레스를 받지 마세요"라고 손쉽게 이야기한다.

《의사는 왜 여자의 말을 믿지 않는가》에서 마야 뒤센베리Maya Ducenbery는 "여성과 사회적 빈곤층이 의학적으로 설명할 수 없는 증상을 더 많이 보인다면 이는 아마도 의학이 이들 계층의 증상을 탐색하는 데 관심이 없기 때문일 것이다"라고 말한다. 그의 말처럼 여성들이 앓아온 면역질환의 원인이 '불명'인 것은 긴 세월 여성이 배제되어 온 의학계의 역사와 밀접한 관계가 있지 않을까.

통증과 함께 살아가는 것이
나의 현실이야

19대 총선을 앞두고 여기저기 시끌시끌하던 2월, 김해에서 군복무를 하던 동생이 전화해 서울로 올라온다고 했다. 동생을 군대에 보내고 울던 엄마가 떠올랐다. 벌써 2년이 지났나 생각했다.

신도림에서 만난 동생은 까맣게 탄 채 깡말라 있었다. "고생 많았다"고 했더니, "이제 다 지났으니 괜찮다" 했다. 철부지였는데 철이 다 들어 있었다. 배가 고프다는 동생을 이끌고 돈가스 가게로 들어갔다. 큼직한 돈가스가 나오자 코를 박고 먹던 까만 얼굴이 돈가스를 씹다 말고 이야기했다.

"누나. 그런데 내가 20년간 배운 것들이, 그간 살아왔던 시간이 거기선 한순간에 쓸모가 없어지더라."

"그래, 그래."

대답하면서도 가슴 한구석이 찡해왔다. 안 그래도 또렷한 동생의 눈코입이 야윈 얼굴 위로 더 도드라져 보였다. 밥을 다 먹은 동생은 사실 나에게 할 말이 있어서 왔다고 했다. 무슨 일인가 물으니 동생이 쭈뼛거리며 말을 꺼냈다.

"뭐라고?"

잘 안 들린다고, 다시 말해달라고 하자 동생은 얼굴을 내 얼굴 앞에 바싹 붙이고 이야기했다.

"누나는 앞으로 어떻게 살 계획이냐고."

"어떻게 살 계획이냐고?"

서른둘의 나는 '어떻게 살 셈인가' 하는 밑도 끝도 없는 질문을 받아놓고서 말을 잃었다. 먹고사는 문제에 대해 답을 해야 하나, 하고 싶은 일이 무엇인지 답을 해야 하나, 우물거리는 내게 동생은 오빠처럼 이야기했다.

"현실을 생각해야지."

현실이라는 글자 두 개가 가시처럼 가슴에 콕, 콕 박혔다. 잔가시들은 말을 하려고 몸을 움직일 때마다 정확히 알 수 없는 내부의 어딘가를 콕, 콕 찔러댔다. 현실. 동생의 말을 다시 한번 되뇌었다.

"몸도 아프면서. 그냥 집으로 내려와."

동생은 말하고 싶지 않았던 나의 진짜 현실을 끄집어 내놓았다.

통증이 시작되면서 나는 온전히 통증에 매몰되었다. 하루가 버겁고 미래가 불안해졌다. 통증은 나를 제자리에 주저앉혔다. 이상도 열정도 다 뒷전이 되어버린 나를, 어느 쪽에도 서지 못하고 어중간하게 서 있는 나를, 얼굴까만 동생이 현실 속으로 불쑥 불러냈다.

통증은 몇 달이 지나도 사라지지 않았고 1년도 안 되어 나는 기진맥진해졌다. 잠들지 못하는 밤이 이어졌고, 통증은 불면으로 인한 고통마저도 지워버릴 정도로 몸 전체를 지배했다. 통증을 느끼지 않는 순간은 잠든 순간뿐이었다. 수면 욕구보다는 통증을 잊고 싶은 욕망이 잠을 갈망하게 만들었다. 잠자는 시간을 확보해야 한다는 강박은 저녁 늦게까지 이어지는 일정에 대한 스트레스를 만들어냈다. 한동안은 저녁 시간에 사람들을 만나기가 꺼려졌다. 통증 때문에 잠을 잘 수가 없다고 의사에게 울며 호소한 적도 있다. 그러나 의사는 스테로이드제를 추가로 처방하면서, 통증이 극심해지면 위험하니 병원 응급실로 오라는 말만 반복했다. 통증을 잊기 위해 잠에 집착하고, 잠을 온전히 자기 위해 스테로이드제를 다량 처방받는 악순환이 반복됐다. 스테로이드제를 하루일곱 알까지 처방받아 먹을 무렵엔 얼굴이 퉁퉁 부어올라 오랜만에 만난 사람들은 나를 알아보지 못했다.

느려진 속도에 맞게 일상 꾸리기

나는 느려졌고, 상대적으로 시간은 빠르게 흐르기 시작했다. 온몸의 관절 마디마디가 으스러지는 듯한 고통을 견디며 겨우 몸을 일으키고, 아침 약을 먹었다. 발병 초기에 아침은 밤새 기다리고 기다리던 시간이었다. 진통제를 먹을 수 있었기 때문이다. 약효는 6~8시간 지속되는데, 약은 하루 두 번 먹을 수 있으므로 자기 전까지 남은 시간은 다음 약을 먹을 시간을 기다리면서 통증을 인내하는 시간이었다. 약을 먹어도 통증이 완전히 가시지는 않았다.

머리를 감고 이를 닦고 변기 물을 내리는 동안 생기는 통증은 몸의 속도를 느리게 만들었다. 통증으로 인해 내 몸의 모든 부위를 선명히 인지하게 됐다. 내 몸에 그토록 많은 부위와 면적이 존재한다는 것을, 그렇게 많은 부위의 통증을 다 감당하며 살아야 한다는 것을 선명히 느낄 때마다 절망감은 깊어졌다. 이처럼 끔찍한 통증과 함께 살아가야 한다는 것은 믿고 싶지 않은 현실이었다. 통증과 절망은 나를 점점 더 깊이 가라앉혔다. 우울이 심해져 정신과 치료를 병행해야 했다. 같은 일상의 과정을 거치는 데에도 세 배, 네 배의 시간이 소요되었다.

내가 사랑하는 사람들에게도 나를 설명하기가 점점 어려워졌다. 부족해지는 시간과 느려진 몸, 일상의 유지를 포기하게 만드는 우울은 나와 세상 사이의 벽을 점점 더 두껍게 했다. 나는 점차 내 몸에 대해 다른 사람들에게 이야기하는 것을 포기하게 되었다. 내가 사랑하는 사람들과, 내가 만나는 사람들과 시간의 속도가 달라진다는 것은 참 슬픈 일이다. 이해를 구하고 싶은데 그들이 나를 이해하기가 쉽지 않다.

그저 고통을 줄 뿐이라 생각했던 질병이, 일상의 일

부가 된 통증이 내 삶에 어떤 의미가 있는가. 이 질문에 답을 하기까지 너무 오랜 시간이 걸렸다. 삶의 의미를 이해하는 것과 삶으로 받아들이는 것은 전혀 다른 문제다. 동생이 군대에 가서 느낀 것처럼 나 역시 30년간 익혀온 삶의 방식을 전부 폐기해야 하는지를 고민한 적이 있었다. 사람들과 맺는 관계 역시 마찬가지였다. 하루는 점점 짧아졌고, 다른 이들과의 관계를 유지하기가 불가능할 거라고 생각한 적도 있다. 하지만 이제는 시간이 더 소요될지라도 불가능하지는 않다는 것을 안다. 삶은 내가 감당하기 어려운 속도로 흘러가지만 이런 속도에 맞는 일상을 꾸려나갈 수 있다는 것을, 또 그런 제도와 관행의 도입을 요구해야 한다는 것을 이제는 알고 있다.

나는 몸 상태를 적극적으로 주변에 알리고, 그에 맞게 일의 속도를 조절해야 한다는 것을 이해시키기 위해 노력하고 있다. 통증으로 중단되거나 하기 어려워진 일을 할 수 있는 방법을 조금씩 터득해나간다. 지금의 내가 나에게 가장 많이 하는 말은, '포기하지는 말자'라는 말이다.

그래. 네가 말한 현실을 직면하는 데 많은 시간이 걸

렸다고 동생에게 말했다. 지금은 통증과 함께 살아가는 것이 내 현실이자 일상이라고. 병을 알게 되었을 때 전혀 다른 세상에 놓일 나를 생각했다. 그러나 실제로 내게 닥친 것은 생소한 세상이 아니라 조금씩 사라져가는 시간이었다. 이제는 사라진 시간과 남은 시간의 관계에 대해 생각한다. 그리고 두 시간 사이에서 나의 자리를 찾고 있다. 서로의 속도에 맞춰 함께 살아갈 수 있는 우리를 위해서.

아픔만 있던 시간에서
뚜벅뚜벅 걸어 나오다

얼마 전, 〈하루〉라는 영화를 보았다. 주인공은 두 시간 내내 시간 여행을 통해 소중한 사람을 살리려고 분투한다. 나는 영화가 보여주려 하는 긴장감과 스릴은 보지 못하고, 절대 그 '하루'를 바꾸지 못한다는 사실을 알면서도 계속해서 그 장면으로 돌아가 '하루'를 반복해 사는 피해자들의 삶만을 보았다. 영화를 보는 내내 눈물을 참을 수가 없었다. 주인공들은 결국 소중한 사람을 살리고 소원을 성취하지만, 현실 속의 피해자들은 그렇지 않다. 그들에게 끔찍한 '하루'는 바뀌지 않고, 나날이 더욱 또렷해질 뿐이다.

나도 한동안 그렇게 살았다. 성폭력 경험은 끔찍한

후회의 시간을 낳았다. 나는 폭력을 당한 시간보다 조금씩 과거로 돌아가 그날들을 낱낱이 후회했다. 결국 매번 도달하는 지점은 폭력이 있었던 그 '하루'들이었다. 내가 할 수 있는 일이라고는 그 폭력의 '하루'보다 조금 더 과거로 돌아가 후회하는 일이 고작이고, 후회의 시간을 거치더라도 트라우마 상황은 없어지지 않고 상처가 회복되지도 않았다. 현재를 살기가 불가능했다. 종일 그렇게 전쟁 같은 시간을 살고 나면 한 줌의 에너지도 남아 있지 않았다. 입 밖에 토해내기 시작했을 때부터 비로소 그런 시간을 과거로 흘려보내고 나의 경험을 직면할 수 있었다.

그러나 내가 질병을 안고 살아야 한다는 사실은 오랫동안 직면하지 못했다. 성폭력 경험으로 1년 6개월 동안 심리 상담 치료를 받았는데, 그때도 온전히 이야기하지 못했던 것이 바로 질병에 관한 사실들이었다. 실제로 심리 상담 치료를 받고 공황발작이나 자살 충동이 거의 사라지다시피 했다. 하지만 그후로도 도무지 감당하기 어려운 순간들이 찾아오곤 했다. 나의 이야기는 일부가 채워지지 못한 채였다. 성폭력 경험과 질병, 이 둘은 매우 긴밀하게 연결되어 내 삶을 구성하고 있음에도 나는 그런 점을 제대로 직시하지 못했다. 인정하기 어려웠을 수도 있다. 의사를 통해 내 병의 치료제가 없다는 것을 확인한 날, 갑자기 삶의 무엇들이 와르르 쏟아져 내렸다. 많은 것을 극복해왔다고 생각했는데, 나는 여전히 삐걱거리고 있었다. 삶의 서사는 여전히 불완전한 상태였다. 나는 '질병춤'이라는 모임을 통해 비로소 이유를 알게 되었다.

몇 해 전 '페미니즘으로 쓰는 세계인권선언'이라는 작업을 통해 조한진희를 처음 만났다. 어느 날 지나가듯 질병으로 인한 어려움을 이야기했는데, 그것을 기억하고는 '질병춤' 모임에 참여해보겠느냐고 말했다. 질병을 두고 어떤 이야기를 나눌 수 있을까 싶었지만, 질병 서사를 기록할 계획이 있다는 말에 선뜻 참여 의사를 밝히게 되었다. 그때만 해도 서로의 이야기를 듣고 기록하는 모임 정도를 기대했던 것 같다.

나는 '질병춤' 모임에서 어디서도 발견하지 못한 내 삶의 일부를 찾았다. 전혀 예상치 못한 일이었다. 회원들과 이야기를 나누면서 내가 잊었던, 혹은 잊으려 했던 삶의 장면들을 기억해냈다. 그들의 이야기는 내 안에 묶어두었던 이야기를 풀어놓게 했다. 나는 꼭꼭 숨겨두었던

이혜정

고통들이며 아픈 시간을 우리의 시간 속에 풀어놓았다. 우리들의 목소리로 우리는 서로를 위로하고, 마침내 자신을 위로할 수 있었다. 서로의 이야기에 공감하고, 함께 울고 웃으면서 서로의 삶을 지켜봐주었다.

연극 워크숍 때, 나는 난생처음 나의 몸에게 말을 걸었다. 내가 내 몸의 목소리를 얼마나 외면하고 있었는지를 알았고, 그리하여 내 몸이 얼마나 외로웠을지, 혹은 고통스러웠을지를 깨달았다. 통증을 견디기 위해 애썼던 관절들과 마음들을 하나하나 손으로 짚어보고 그 옆에 누워도 보았다. 모두가 나의 이야기를 들어주었다. 나 역시, 질병과 함께 살아온 질병춤 모임 회원들 이야기를, 그 안에서 벌어지는 수많은 투쟁들을 진심으로 만날 수 있었다. 1년이 지나자 우리는 많은 이야기를 하지 않아도 서로의 상황이나 일상을 짐작하게 되었고 마음을 내주었다. 이렇게 형성된 신뢰가 마침내 내면의 벽을 깨뜨렸다.

침묵하는 순간에도, 우리는 서로를 위로했다

질병은 직면하기 어려웠다기보다 직면하고 싶지 않은 무

엇이었다. 부인하고 싶었고, 모르는 척하고 싶었다. 10여 년 동안 그렇게 나의 일부가 나에게 외면당한 채로 웅크리고 있었지만 모임을 통해 조금씩 앞으로 걸어 나왔다. 내가 알지 못했던 형태의 질병과, 질병으로 인한 어려움을 나보다 먼저 경험한 이들이 그런 과정을 어떻게 지나왔는지, 그런 나날을 어떻게 온전히 받아들이게 되었는지, 혹은 아직 받아들이지 못했는지를 듣게 되었다.

정신장애에 대한 편견과 맞선 경험들 속에서 나처럼 우울과 공황발작을 만났고, 평생 알지 못했던 질병의 이름을 비로소 알게 된 순간 안도했다는 이야기를 들으며 내 질병을 진단받을 당시를 생각하게 되었다. 또 의사들이 이름을 부여하지 않았다는 이유로 존재를 부인당한 통증으로 인한 혼란과 이를 비판하는 목소리에서 나역시 수많은 '증상'들이 부인당한 경험을 떠올렸으며 내가 앓는 질병의 '원인 불명'이 어디서 기인했는가를 생각했다.

나 자신을 이해했을 뿐만 아니라 질병을 앓는 한 인간으로서 이러한 구조 속의 나의 위치를 깨달았다. 우리가 내는 목소리가 '질병은 단지 불운으로 인한 무엇'이라는 생각을 넘어 이 사회의 구조를 변화시킬 수 있는 단초가 된다는 사실도 깨달았다. 〈아픈 몸 선언문〉을 쓰기로 하고 나의 선언들을 적어 나누면서 나는 적잖이 충격을 받았다. 나의 경험을 공유하고 이해받는 과정을 넘어 나의 권리를 '선언'할 수 있다는 것을 상상조차 해보지 못했기 때문이다. 나의 목소리를 선언으로 구체화하자 비로소 질병이 나의 잘못이나 책임이 아님을, 질병인의 권리를 주장하는 것이 배려나 이해를 구하는 과정이 아님을, 함께 살아가기 위한 구조를 만드는 것은 우리 모두의 책임임을 깨닫게 되었다.

나는, 죽음을 거부하기 위해 억지로 설정했던 내 희망의 정체에 대해서도 생각했다. 그것은 현실이 아닌 단지 '질병 이전의 삶'을 향하고 있었다. 내가 왜 매번 좌절할 수밖에 없었는지를 깨달았다. 불가능의 영역을 희망으로 설정했기 때문이다. 이는 사회가 가진, 질병에 대한 편견과 고정관념과도 멀지 않다. 사회는 '완치'를 목표로 설정하고, 질병인에게 그것을 요구한다. 치료법이 없는 질병의 경우도 마찬가지다. 시한부 판정을 받지 않는 이상, 치료약이 없음에도 개인이 노력하면 나을 수 있으리라고 말한다. 나 역시 자연스럽게 이 고정관념에 젖어들어 나의 희망을 설정했다.

우리는 조금씩 더 깊이 서로의 삶으로 걸어 들어갔다. 동시에 내 삶의 일부가 그들의 손을 잡고 걸어 나왔다. 우리는 서로 만났고, 나도 나를 만났다. 그렇게 나는 영영 잊으려 했던 나를 만날 수 있었다.

많은 이야기를 하지 않아도 우리는 서로를 안다. 침묵하는 순간에도 서로를 위로하고 있다. 심리 상담을 받을 때, 상담 선생님이 알려준 방법이 하나 있다. 스스로 감당하기 어려운 순간이 찾아올 때 마음속으로 가장 안전하다고 생각하는 공간을 떠올리라는 것이다. 둘이서 그런 연습을 아주 오랫동안 했다. 문을 찾고, 들어가 보고, 머무르기도 하면서 안전한 공간에 익숙해졌다. 나중에는 아주 자연스럽게 그 공간의 문을 열고 들어가 누웠다. 그곳에는 돌아가신 할머니와 할아버지가 계셨다.

나는 나의 안전한 공간을 하나 더 찾았다. 우리는 힘든 것들을 극복하길 강요하지 않는다. 그저 기다리고 지켜봐주며 함께 눈을 맞춰줄 뿐이다. 그렇게 나는 아주 오래전 질병이 시작되던 시점에서 뚜벅뚜벅 걸어 나왔다.

나는 아주 오래 화해하지 못한 나와 화해했다. 그리고 질병은 마침내 내게 삶이 되었다.

아픈 몸들의 공동체, 질병과 함께 춤을

'질병과 함께 춤을 춘다'는 것은 어떤 의미일까? 춤, 영어로 댄스dance는 산스크리트어 탄하tanha가 어원이다. 이는 생명의 욕구를 의미한다. 그리고 질병이 바로 생명의 욕구다. 건강을 인체의 각 구성 요소가 균형과 조화를 이루고 있는 상태라고 할 때, 그 균형과 조화를 잡기 위해 흔들리는 상태가 질병이다. 감기에 걸렸을 때 바이러스를 내보내기 위해 몸은 열을 발생시키고, 평형대 위에서 균형을 잡기 위해서는 흔들림이 필요하다. 건강과 생명 유지를 위해서 질병이 생기고 이는 필연이다.

오랜 '투병' 생활과 통증으로 삶이 온통 잿빛이던 시절, 나의 몸이 질병의 숙주처럼 여겨졌었다. 그리고 건강이 조금 회복됐을 때 시작한 게 춤이었다. 정해진 동작을 배우는 춤이 아니라, 몸이 가고 싶은 곳으로 가게 하는 춤을 추었다. 음악을 틀어놓고 온몸에서 힘을 뺀 채, 발바닥이 느끼는 촉감이나 몸을 스쳐가는 공기를 가만히 느끼다 보면 어느새 몸이 알아서 움직였다.

일종의 리듬rhythm이 몸 안에서 살아나면서 움직인 것이리라. 흔히 리듬은 음악 같은 청각적 요소로 이해된다. 그러나 헬렌 켈러를 비롯한 청각장애인들은 진동으로 음악을 감상하기도 한다. 그리고 플라톤은 리듬을 '운동의 질서'라고 표현한 바 있다. 리듬은 청각이나 진동을 넘어서는 훨씬 광범위한 무엇이다. 춤에서는 리듬을 생명의 규칙적인 숨결이며 영혼의 파동이라고 말하기도 한다.

질병과 함께 춤을 춘다는 것은 질병과 리듬을 탄다는 것인데, 이는 건강 중심 세계가 규정한 질서에 맞추는 게 아니라, 아픈 몸에 맞는 질서인 질병권에 맞춰 삶을 재구성해보는 일이다. 아무리 노력해도 건강을 회복하기 어려운 아픈 몸들에게 필요한 것은 건강해지라는 요구보다는 잘 아플 권리이고, 이를 통해 보다 온전히 존재할 수 있게 된다. 질병권이 보장되는 사회는 아프다는 것이 의

구심의 대상이 되지 않는 사회, 병명으로 삶의 고통이 재단당하지 않는 사회, 몸이 아픈 사람도 원하는 만큼의 노동을 하거나 하지 않을 권리가 보장되는 사회, 질병이 빈곤과 불행이 아닌 사회, 아픈 몸이 기준인 사회, 아픈 몸이 기준이기 때문에 의존과 취약함이 인간의 보편적 속성으로 수용되는 사회, 의존과 취약함이 보편적 속성이기 때문에 돌봄을 주고받는 게 인간의 덕목·권리·의무·기쁨인 사회이다.

이를 위해서는 질병과 아픈 몸을 사회정치적으로 해석해내는 서사가 필요하다. 그래서 내가 제안해온 것이 '저항적 질병 서사'다. 이는 질병이 남긴 상처와 고통의 이유를 질문하고, 그 고통의 무늬를 개인화하지 않으며 사회적 요소와 유기적으로 읽어내는 것이다. 학자들이 데이터를 가지고 사회적 결과로서의 질병을 설명한다면, 저항적 질병 서사는 아픈 몸들이 자신의 삶을 통해 질병의 사회적 맥락을 '증언'하는 것이다. 결국 저항적 질병 서사란, 질병이 사회적 결과라는 것을 구조적으로 이해하면서 아픈 몸과 삶을 재해석하는 것이다. '질병춤'에서 해온 글쓰기가 바로 아직 초보적이긴 하지만, 저항적 질병 서사 작업이었다.

　이를테면 다리아는 요가를 하고 좋은 음식을 챙기며 살지 못해서 몸이 아프게 됐다는 자책감에 빠져 있었던 삶에 대해, 이렇게 재해석한다. 일터에서 긴 시간 노동을 하고 출퇴근에 왕복 네 시간이 걸리기 때문에, 요가를 하고 좋은 음식을 만들어 먹을 여분의 시간과 에너지가 없었다. 자신이 더 부지런하지 못한 게 문제가 아니라, 일상적 과로와 서울의 높은 집값이 자신의 건강을 위협하고 있다며 원인을 사회적으로 진단하게 된 것이다. 이는 잘못된 생활 습관과 게으름으로 인해 질병이 왔다며 질병의 책임을 개인에게 부여하고, 아픈 몸을 자책감에 시달리게 만드는 '질병의 개인화'를 벗어나는 과정이다. 이 과정에서 다리아에게 내면화되어 있던 자책감은 부당한 현실에 대한 분노와 저항으로 변화했고, 자신의 질병 경험을 사회적으로 말하는 것이 변화를 촉발시키는 질병권 운동일 수 있음을 확인하게 됐다고 말한다.

　혜정은 오랫동안 견딜 수 없는 통증 때문에 자신의 몸을 살해하고 싶은 충동을 느꼈던 날들, 질병을 인정할 수 없어서 부정하고 도망치며 살았던 순간들, 회복 불가능한 질병에 대해 끊임없이 회복과 희망을 요구받으며 좌절했던 시간들을 살고 있었다. 스스로 소외시키고 배제시킬 수밖에 없었던 몸과 삶이었다.

모임을 한 지 2년 정도 되었을 때 혜정은 이렇게 말했다. "이제 나로 살아갈 수 있을 것 같아요. 성폭력 피해자였고, 아픈 몸을 인정할 수 없어서 헤맸던 시간들로부터. 늘 피해자와 약자로만 나를 규정해왔던 순간들로부터. 살아 있지만, 살 수 없었던 일상들로부터. 그곳으로부터 걸어 나오고 있는 것 같아요. 이제야 비로소 삶이 생생하게 느껴져요. 나 자신이 입체적인 존재로 느껴져요. 여러분 정말 고맙습니다." 우리는 함께 조금 울었다.

건강 중심 사회에서 사회적 고통에 눌려 있던 삶을 써내려 가면서, 어느새 서로에게 조금씩 잘 의존하게 되었다. 그렇게 서서히 회복되는 경험을 했다. 회복된다는 것은 바깥에서 위태롭게 서성이다가 자신의 자리를 찾아 안전해지는 느낌, 삶이 선명하고 짙어지는 느낌, 계속 삐걱거리며 조각나고 어긋나 있는 것 같던 자신이 통합되는 느낌이다. 온전한 자신을 감각하는 기쁨이다.

이처럼 저항적 질병 서사를 써내려가는 과정은 아픈

몸들이 자유로운 다른 몸이 되어가는 과정이기도 하다. 아픈 몸에게 저항적 질병 서사 작업은 치료만 필요로 하는 '환자' 혹은 효율성 떨어지는 노동자라는 사회적 평가를 탈각하는 과정이다. '실패한 몸' 또는 '쓸모없는 몸'으로 규정하는 것에 대한 저항이기도 하다.

아픈 몸들은 저항적 질병 서사 작업을 통해 현재 그리고 미래를 다르게 살 수 있는 길에 놓이게 된다. '질병은 삶의 배신이 아님'을 인식하고, 아픈 몸을 '극복'하는 것에 초점을 두는 대신 아픈 몸으로도 꽤 괜찮은 삶을 꿈꿀 수 있게 된다. 그래서 결국 아픈 몸으로 살아가는 삶이 반쪽이 아닌, 온전하고 고유한 삶임을 인정하는 일이다.

애초 '질병춤'은 건강 중심 세계에서 '실패한 몸'들의 모임이었고, 전문가 중심의 보건의료 영역에서 '자기 목소리가 없는 아픈 몸'들의 모임이었다. 그러나 저항적 질병 서사 작업을 함께 하면서 '질병춤' 구성원들은 아픈 몸에 대한 수치심을 사회가 함께 걷어내길 바라게 되고, 건강을 향해 달리는 것만을 최고의 가치로 여기며 다른 몸과 삶을 누락시키는 것을 다 함께 그만두길 바라게 됐다.

우리는 아픈 몸을 배제하고 차별하는 사회를 향해 우

리의 문제적 몸의 경험을 명징하게 계속 말하기로 했다. 우리는 건강 세계의 시민권을 바라는 게 아니라, 질병 세계가 고유하게 인정되길 바란다는 결론에 이르렀다. 이 일련의 과정이 바로 질병권 운동이기도 하다. 운동이라고 하니 거창한 것 같지만 소박한 발견과 실천, 결론이다.

여기까지 올 수 있도록 이 길의 여정에 함께해준 분들에게 각별한 감사를 드린다. 질병춤 구성원들이 처음 쓰기 시작한 글을 〈일다〉와 진보적 장애인 언론 〈비마이너〉에 연재할 당시 많은 관심과 애정을 받았다. 글을 쓰는 데 정말 큰 힘이 되었다. 무엇보다 아름다운재단의 지원이 있었기에 질병춤 구성원들이 연극 워크숍을 하고 우리의 질병 경험을 사회적으로 표현해낼 수 있었다.

최근 다양한 질병 서사가 등장하고 있다. 2015년 나의 질병 서사를 언론에 연재했을 때 첫 번째 글의 마지막 문장이 "우리들의 질병 이야기가 고립되지 않고 만날 수 있기를 바란다. 그래서 이 사회에 일상적이고 소소한 더 많은 질병 이야기가 돌아다니게 되는 걸 보고 싶다"였다. 여러 강연 자리에서도 언제나 강조했다. 실제 그 이후 질병 서사를 담은 책들이 출간되었고, 덕분에 쓸 수 있었다는 인사도 몇 번 받았다. 그러나 여전히 부족하다. 아픈 이들의 목소리는 여전히 더 많이 필요하다.

우리는 질병과 춤을 추며 잘 아플 권리가 보장되는 사회를 향해 계속 나아갈 것이다. 사회 곳곳의 아픈 몸들이 '쓸모없는 경험' '듣기 싫은 소리'로 치부되는 질병 경험을 저항적 질병 서사로 만듦으로써 우리와 함께하길 바란다. 그리고 아직 아프지 않은 이들도 건강에 대한 강박과 질병에 대한 과도한 두려움으로부터 조금은 벗어날 수 있길 바란다. 언젠가 떠나보낼 수 없는 질병이 당신에게 도착했을 때, 좌절감과 자책감에 휩싸이지 않고, 질병과 스텝을 맞추려 애쓰며 세상을 두리번거릴 때 우리의 활동과 이 글들을 만날 수 있길 바란다.

아픈 몸 선언문,
함께 만들어가는 지도

선언문은 세상을 바꾸고 싶은 사람들의 언어다. 시대마다 차별과 배제에 놓인 사람들은 선언문을 썼다. 프랑스혁명 직후 올랭프 드 구즈Olympe de Gouges는 '여성과 여성 시민의 권리 선언'을 통해, 여성이 단두대에 오를 권리가 있다면 연단에 오를 권리도 가져야 한다고 말했다. 또한 선언문은 억압당한 사람들의 삶을 바꿔내는 데 중요한 역할을 한다. 2차 세계 대전 이후 만들어진 '세계인권선언'은 모든 사람은 성별, 피부색, 신념, 종교 등에 관계없이 모두 자유롭고 평등하다는 것을 세계 각국이 합의한 최초의 선언문이다. 이는 지금까지도 인권에 관한 주요한 지표가 되고 있다.

선언문은 아직 오지 않은 그러나 마땅히 와야 할 미래에 대한 것이다. 소수자의 현실을 말하는 동시에 지향하는 이상적 좌표를 만드는 일이다. '질병춤' 구성원들은 우리 사회에서 아픈 몸이 어떤 위치에 있으며, 어떤 지향을 가지고 변화를 추동해야 하는지에 대해, 거칠고 상징적이더라도 이정표를 제시할 필요가 있다는 생각이 들었다. 아픈 몸과 살며 고통스럽게 진동했던 순간과 아파도 미안하지 않은 세상을 향한 희망을 담아 선언문 작업을 시작했다. 그리고 다양한 시민들과 함께 완성하고 싶었다. 선언문은 사회적 공감과 실천 과정을 통해 힘을 얻어갈 수 있기 때문이다.

2020년 몇 차례 토론을 거듭하며 정리한 선언문 초안을 2021년 초 〈비마이너〉에 공개했고, 다양한 시민 의견을 수렴하는 과정을 거쳤다. 시민들이 〈아픈 몸 선언문〉 내용에 대한 제안이나 수정 내용을 보내올 것이라 예상했지만, 흥미롭게도 선언문을 읽고 구체적으로 어떤 지점에서 자기반성과 성찰을 했는지, 고백에 가까운 내용이 대부분이었다. 이를 통해 선언문이 상징적이면서도 동시에 실질적 힘을 갖는다는 것을 새삼 확인할 수 있었다. 바로 그 구체적 성찰과 반성이 변화를 만들어가는 힘이 되기 때문이다. 시민들이 보내준 내용을 참고해 추가적인 수정 작업을 거쳐 현재의 선언문에 이르렀다.

〈아픈 몸 선언문〉은 함께 만들어가는 지도다. 이 지도를 가지고 잘 아플 권리가 보장되며 아픈 것 때문에 아프지 않는 사회, 아픈 몸이 기본값인 사회, 질병이 수치와 낙인이 아닌 사회를 향해 나아가고자 한다. 이 선언문이 우리 사회 곳곳에서 다양한 토론과 구체적 실천을 만들어갈 수 있길 바란다.

지금도 〈아픈 몸 선언문〉은 열려 있다. 누구나 의견을 보탤 수 있다. 아직 울퉁불퉁한 이 선언문에 다양한 시민들의 경험이 더해져 좀 더 깊이 있는 선언으로 만들 수 있기를 바란다.

〈아픈 몸 선언문〉에 의견 보내기

아픈 몸 선언문

현재 사회는 아픈 몸을 차별, 배제, 혐오한다

질병은 생명체에게 필연이고, 과거 인류에게 생로병사는 삶의 일부였으나 자본주의와 의료 권력은 생·로·병·사를 특수한 것이자 문제적인 것으로 만들었다. 자본과 의료가 결합하면서 건강의 기준은 더욱 높아지고, 아픈 몸은 의료 시장의 소비자가 되었으며, 더 많은 의료 소비를 낳았다. 자본은 강도 높은 노동이 가능한 몸만을 '좋은 몸', '표준의 몸'으로 설정했다.

우리는 아플 수밖에 없는 사회에서 산다

산업재해, 장시간 노동, 성폭력과 성차별, 불안정 노동, 불안정 주거, 성별 임금격차, 관리되지 않는 위험 물질, 심화되는 불평등, 극심한 경쟁과 혐오, 오염된 생태계 등은 모두 건강을 직접적으로 훼손시키는 요소다.

이처럼 개인의 건강과 질병은 사회적이고 복합적인

결과임에도 개인이 노력하면 건강을 지킬 수 있는데, 자기 관리 실패로 질병이 온 것으로 규정하는 '질병의 개인화' 프레임이 심각하다. 이는 질병을 개인의 잘못이자 불행으로 간주함으로써 아픈 몸에게 자책감을 심어주고, 차별의 대상이 될 뿐 변혁의 주체가 되지 못하게 방해한다. 또한 '질병의 개인화'는 건강과 질병을 탈정치화시키는 효과를 부른다.

건강 중심 사회에 반대한다

문제는 아픈 몸이 아니라, 아픈 몸을 배제하는 사회다. 우리는 건강한 몸을 기본값으로 하고, 그렇지 않은 몸을 무조건 열등하고 불행한 몸으로 취급하는 건강 중심 사회에 반대한다. 아픈 몸은 건강 중심, 의료 중심, 자본주의사회에 질문을 할 수밖에 없으며 균열을 내는 존재다.

우리 사회에는 질병권(잘 아플 권리)이 필요하다

우리는 아픈 몸이 회복되지 않아도 평등하고 온전한 삶이 완전히 보장되어야 한다는 의미로 질병권을 주장한다. 질병권은 건강권을 포함하지만 초점을 이동시킨 개념으로

서 아픈 몸의 시선으로 세상을 다시 읽고, 질서를 재구성하자는 것이다. 우리 모두는 아픈 몸이거나 아플 몸이다. 사회는 약자를 기준으로 설계할 때, 모두에게 좋은 사회가 된다. 잘 아플 수 있는 사회에서는 아픈 몸이 기본 몸이 되고, n개의 표준의 몸이 존재하며, 누구나 서로를 돌보는 것이 책임이자 즐거움이 된다.

아픈 몸의 세계를 발굴하고 연대한다

여성, 이주민, 장애인, 청소년, 성소수자, 난민 등 사회적 소수자에게 질병은 다르게 경험된다. 이들의 경험과 맥락을 저항적 질병 서사로 복원함으로써 질병이 사회구조와 어떻게 연결되어 있는지 면밀히 드러낸다. 질병은 개인의 문제가 아닌 그 자체로 사회적 결과이며, 주변을 둘러싼 모든 것과 연결되어 있음이 보다 밀도 있게 밝혀져야 한다. 그리하여 질병의 언어를 급진적으로 정치화하고, 아픈 몸이 온전한 삶을 살 수 없도록 하는 사회에 저항한다.

아픈 몸의 공동체적 실천을 제언한다

질병권 운동을 통해, 아픈 몸을 배제하고 차별하는 기존의 질서에 질문한다. 혐오와 낙인 속에서 고통받았던 우리의 경험을 변혁의 새로운 자양분으로 만든다. '주관적'이고 '개인'의 문제로 여겨졌던 것들을 공동의 것으로 만들고 우리의 것으로 재전유할 것이다.

과거 '민중에게 권력을'이라는 구호가 등장했듯, 현재 건강 중심 사회에서 우리는 '아픈 몸에게 권력을'이라고 외친다.

이것은 혁명이다. 우리 자신을 위한 그리고 미래 세대를 위한 제언이고 실천이다. 이에 우리는 다음과 같이 요구한다.

1. 우리는 평등한 돌봄을 원한다

① 모든 몸은 평등하다. 성, 계급, 국적, 연령, 장애 등의 차이로 인해 차별받지 않아야 한다.

② 의료는 공공의 영역이며 무상의료는 국가와 사회의 책무이다. 모든 사람은 사회, 경제, 문화에 따른 차별 없이 공정한 치료를 받을 권리가 있다.

③ 모든 사람은 아플 때 필요한 물적 토대, 문화, 정서

적 지지 그리고 돌봄을 받을 권리가 있다.

2. **아픈 몸들이 차별받지 않는 문화를 조성하기 위해**
   다음과 같이 요구한다

① 아픈 몸은 아픈 상태를 의심받지 않고, 아프지 않은
   몸으로 회복되기를 강요받지 않을 권리가 있다.

② 아픈 몸은 수치와 자책의 대상이 되지 않을 권리가
   있다. 아픈 것은 미안하거나 부끄러운 일이 아니다.

③ 아픈 몸은 자신의 몸에 맞게 적절히 원하는 만큼 노
   동하고 사회 활동을 할 권리가 있다. 노동과 사회 활
   동이 가능하도록 지원을 받을 권리가 있다.

④ 병명, 발병 과정, 투병 과정으로 아픈 몸을 차별해서
   는 안 된다.

⑤ 아픈 몸은 가정, 일터, 그 외의 사회 공동체에서 온전
   한 구성원으로 인정받을 권리가 있다.

3. **우리는 전인적 회복을 지향한다**

① 아픈 몸이 처해지는 상황은 환경과 맥락에 따라 다
   양하게 고려되어야 하며 다학제적 개입을 통해 아

픈 몸이 통합적으로 치료받을 수 있는 전인적 의료
가 시행되어야 한다.

② 아픈 몸에 대한 연구와 지식 탐구는 의료 전문인, 보
건 활동가뿐만 아니라 아픈 당사자의 경험과 증언을
바탕으로 이루어질 수 있어야 한다.

③ 국가와 사회는 아픈 몸들이 의료 정보에 접근하기
쉬운 경로를 개발해야 한다. 지식이 특정 의료 종사
자에게 집중되어 있는 현실에서 투명한 정보공개로
나아갈 수 있도록 상업적이지 않은 양질의 의학 정
보의 대중화에 힘써야 한다.

④ 아픈 몸에 대한 정책은 우선적으로 사회적 소수자들
의 요구에 맞추어진 서비스를 제공할 의무가 있다.
이를 위해 국가와 사회는 소수자들이 자신의 건강에
대한 주체성을 가질 수 있도록 충분한 정보제공, 모
니터링과 정책 개발에 힘써야 한다.

4. 아픈 몸들은 저항하고 연대할 권리를 지닌다

① 아픈 몸은 자신의 질병이 개인의 잘못이 아니라 사
회적으로 구성된 것임을 인식하고 변화를 가져오기

위한 행동을 할 권리를 지니며, 이에 대해 각 영역에서 지속적인 연대를 가능하게 하는 사회체를 구성할 권리를 가진다.

② 아픈 몸은 현재의 가부장제, 경제적 불평등, 이성애 중심주의, 국가주의, 연령주의, 비장애중심주의, 종차별주의 등 정상화의 패러다임에 의해 지속적으로 배제되고 차별받는 집단에 연대하며 이들의 평등, 자유, 기회, 역량의 증진에 우선적인 관심을 기울이고 이러한 구조적 억압이 아픈 몸과 연결되는 지식과 실천의 생산에 힘쓸 수 있도록 하는 대안적 가능성의 권리가 있다.

③ 아픈 몸은 회복되어 돌아가야 할 정상 상태를 욕망하지 않으며 자신의 몸에 대한 권리를 타인과의 관계 속에서 확장 시켜나가는 가운데 자신의 아픈 몸을 위치 짓고 성찰할 수 있는 관계성과 연대성의 권리를 가진다.

④ 아픈 몸은 자신의 질병이 지워지거나 부정되어야 할 경험이 아니라 발언되고 다른 아픈 몸들과 공유되어야 하는 자원으로 인식하는 자기 서사의 권리를 가

진다.

⑤ 아픈 몸은 공식적이고 전문화된 지식이나 상업적인 지식과 같이 현재 유통되고 있는 지식뿐만 아니라 다양한 상황과 맥락에 처한 아픈 몸의 경험 특히 사회적으로 소외된 자리에서 시작되는 연구와 정보를 요구할 수 있는 권리를 가진다.

⑥ 아픈 몸은 자신의 몸에 대한 온전한 경험을 살아내는 시간 동안의 경험을 나누고 함께할 수 있는 실존의 필요에 대한 권리를 가지며 그에 따라 코뮌을 구성할 권리와 더불어 코뮌의 요구를 알리고 아픈 몸의 권리를 국가와 사회에 강제할 수 있는 청원권을 가진다.

⑦ 아픈 몸은 현재 자본화·상업화되어 있는 의료 시스템의 불균형에 문제를 제기하며 사회적 소수자들에게 필요한 의료 서비스를 우선적으로 요구할 권리를 가진다. 그리하여 공공성과 호혜성의 원칙에 따라 의료 시스템이 다시 재구축되어야 한다는 데 의견을 같이한다.

⑧ 아픈 몸은 아픈 몸을 배제하고 아픈 몸 간의 위계를

발생시키며 그로 인한 차별을 심화시키는 현재의 의료 시스템을 비판하며 누구나 경제적·사회적·문화적 불안이 없이 진료를 받을 수 있는 평등한 진료를 요구할 권리를 가진다.

⑨ 아픈 몸은 아픈 몸을 둘러싼 경제적·사회적·문화적 차별로 인한 일상에서의 폭력에 반대하며 누구나 안전하고 편안한 일상을 누릴 수 있도록 주거·교육·의료·복지에서의 포괄적인 혜택을 요구할 수 있는 권리를 가진다.

⑩ 아픈 몸은 셈해지지 않는 사각지대에 존재하는 아픈 몸들을 발굴하고 그들에게 삶의 권리를 주기 위해 생애 주기에 맞는 복지 서비스와 아픈 몸의 욕구에 기반한 요구를 반영하도록 함으로써 누락되는 아픈 몸이 없이 모두가 사회적 성원권을 얻을 수 있도록 한다. 그리고 그 권리를 가질 수 있도록 함께 연대한다.

⑪ 아픈 몸은 자신의 질병을 규정하는 사회적 편견 때문에 수치나 자책을 강요받는 일이 없어야 하며 아픈 몸을 자연스러운 삶의 과정으로 인식할 수 있도

록 사회적 인식을 바꾸어 낼 수 있는 다양한 활동을 지원받을 수 있는 권리를 가진다. 이로써 아픈 몸을 새롭게 규정하고 아픈 몸에 대한 창의적인 해석을 가능하게 하는 토대를 만들어주는 자유로운 운동을 제안할 수 있도록 한다.

⑫ 아픈 몸은 자신이 아픈 몸 때문에 겪는 차별과 배제에 대해 언제 어느 곳에서라도 문제제기를 할 수 있어야 하며 이는 다만 법정 장애인뿐만 아니라 다양한 아픈 몸들의 삶에서 드러나는 다양한 영역에서 발생하는 문제를 가시화시킬 것을 요구한다. 국가와 사회는 이들의 목소리와 요구를 반영할 수 있는 제도를 갖추어야 하며 실제로 이들의 요구가 정책에 반영될 수 있도록 지속적인 지원을 해야 한다.

아픈 몸은 "살게 하고 죽게 내버려두는" 신자유주의에 반대한다. 아픈 몸을 "살"기 위해 다시 돌아가야 할 과도기적인 단계로 보는 한 "죽게 내버려"지는 삶들을 구제할 방법이 우리에겐 없다. 자본의 소모품으로 "살"기만을 원하는 것이 아니라면 이제 우리는 "죽게 내버려두는" 시스템에서 죽어가는 자들의 연대로 신자유주의에 저항해야 한다. 아픈 몸들의 연대는 우리 사회 곳곳을 가로지르는 차별과 폭력에 맞서는 투쟁이다. 그런 의미에서 아픈 몸들의 투쟁은 당신의 삶 어딘가에서 반드시 마주치게 될 것이다. 그리고 아픈 몸들의 투쟁은 그러할 때 당신이 혼자가 아니라는 사실을 알게 해 줄 것이다. 함께해줄 사람들이 있으며 당신의 한 걸음이 아픈 몸 모두가 내딛는 한 걸음이라는 것을 알게 해 줄 것이다. 우리가 보내는 이 선언문은 당신에게 보내는 저항에의 초대장이다. 이제 우리의 연대에 함께하자. 우리에게는 저항하고 연대할 수 있는 권리가 있다.

2021년 1월 20일 (2021년 8월 6일 수정)

다른몸들

아픈 몸 선언문, 함께 만들어가는 지도

질병과 함께 춤을

첫판 1쇄 펴낸날 2021년 8월 20일

기획 다른몸들
엮은이 조한진희
지은이 다리아 모르 박목우 이혜정

발행인 김혜경
편집인 김수진
책임편집 조한나
편집기획 김교석 이지은 유승연 임지원 곽세라
디자인 한승연 성윤정
경영지원국 안정숙
마케팅 문창운 박소현
회계 임옥희 양여진 김주연

펴낸곳 (주)도서출판 푸른숲
출판등록 2003년 12월 17일 제 2003-000032호
주소 경기도 파주시 심학산로 10(서패동), 3층 우편번호 10881
전화 031)955-9005(마케팅부), 031)955-9010(편집부)
팩스 031)955-9015(마케팅부), 031)955-9017(편집부)
홈페이지 www.prunsoop.co.kr
페이스북 www.facebook.com/prunsoop   인스타그램 @prunsoop

©다른몸들
ISBN 979-11-5675-891-4(03330)